KB116797

야생의 고객

야생의 고객

1판 1쇄 인쇄 2015. 1. 19.
1판 1쇄 발행 2015. 2. 6.

지은이 김경필

발행인 김강유
책임 편집 성화현
책임 디자인 정지현
마케팅 김용환, 이헌영, 박치우, 박제연, 김재연, 백선미, 김새로미, 고은미
제작 김주용, 박상현
제작처 민언프린텍, 금성엘엔에스, 정문바인텍

발행처 김영사
등록 1979년 5월 17일 (제406-2003-036호)
주소 경기도 파주시 문발로 197(문발동) 우편번호 413-120
전화 마케팅부 031)955-3100, 편집부 031)955-3250
팩스 031)955-3111

저작권자 ⓒ 김경필, 2015
이 책은 저작권법에 의해 보호를 받는 저작물이므로
저자와 출판사의 허락 없이 내용의 일부를 인용하거나 발췌하는 것을 금합니다.

값은 뒤표지에 있습니다.
ISBN 978-89-349-6989-1 03320

독자 의견 전화 031)955-3200
홈페이지 www.gimmyoung.com
이메일 bestbook@gimmyoung.com

좋은 독자가 좋은 책을 만듭니다.
김영사는 독자 여러분의 의견에 항상 귀 기울이고 있습니다.

이 도서의 국립중앙도서관 출판시도서목록(CIP)은 서지정보유통지원시스템 홈페이지
(http://seoji.nl.go.kr)와 국가자료공동목록시스템(http://www.nl.go.kr/kolisnet)에서
이용하실 수 있습니다.(CIP제어번호 : CIP2015001129)

야생의 고객

김경필 지음

김영사

"호호호, 이번에 저도 장화 하나 장만했죠. 이제 비가 오기만을 기다리고 있습니다."

직장 동료인 20대 후반의 여성 가영 씨(가명)는 지금 비를 기다리고 있다. 직장인들에게 보통 환영받지 못하는 비가 왜 이 여성에게는 기다려지는 이벤트가 됐을까? 2012년 봄, 동료 컨설턴트들과 여성의 소비행태 변화에 대해 이야기를 나누다 보니 그중 가장 주목할 만한 현상 중 하나가 장화였다.

혹시 당신은 최근에 장화를 신어본 적이 있는가? 아마도 초등학교 때 이후로 꽤 오랫동안 신을 일이 거의 없었을 것이다. 장화는 '방수'라는 뛰어난 기능성을 갖추고 있지만 불편한 착용감과 볼품없는 디자인 때문에 특수 직업에 종사하는 사람이 아니라면 일반적으로 사용하는 아이템이 아니었다. 어쩔 수 없이 신어야 한다면 모를까, 신고 싶은 신발은 아니라는 말이다.

하지만 가영 씨는 장화를 미리 장만하고 비가 오기를 기다리고 있다. 심지어 비를 기다리는 것을 넘어 갈망하는 데까지 이르렀다. 이 여성은 왜 불편한 장화를 이토록 신고 싶어 할까? 그 답은 헌터Hunter라는 패션 장화 브랜드에서 얻을 수 있다.

여성들이 헌터 장화를 단순히 방수 기능 때문에 신는 것은 아니다. 비 오는 날 우산을 쓰고 반바지에 장화 특유의 투박한 느낌을 자연스럽게 디자인한 헌터 장화를 신은 모습은 여성의 패션 스타일을 돋보이게 할 뿐만 아니라 깜찍해서 다섯 살(?)은 어려 보이게 한다. 이제 장화는 비가 많이 내리는 여름이 다가오기 전 우산보다 더 먼저 챙겨야 할, 여성들의 필수 아이템으로 자리 잡았다. 비 오는 날이면 멋지게 옷을 차려입을 수 있는 기회를 박탈당했던 여성들에게, 헌터는 단순히 비를 막아주는 신발이 아니라 비 오는 날에도 패션 스타일을 표현할 수 있는 기회를 선물해준 것이다.

우리는 한 기업 안에서 일하는 구성원이면서도 퇴근 후에는 회사를 벗어나 한 명의 고객이 되어 구매 활동을 하기 때문에 고객을 잘 이해한다고 생각하지만 그것은 오해다. 경제, 투자, 마케팅, 전략, R&D, 생산, 조직을 다루는 기업에 있을 때는 주로 이성理性으로 사고한다. 그래서 기업에서는 헌터를 준비하고 비가 오기를 기대하는 고객의 심리를 이해하기 어렵고, 헌터의 고객을 인식의 오류쯤으로 치부하는 실수를 저지르고 만다. 고객으로서 우리는 비가 오면 헌터를 신고 기분 좋게 출근하지만, 사무실 안에서 우리는 '고객은 무조건 비 오는 날은 싫어할 것'이라는 이성적 판단을 하고 의사결정을 내린다.

여성들은 뛰어난 방수기능 때문에 장화를 신는 것이 아니다. 비 오는 날 서울의 가로수길을 비롯한 강남 일대에서 패션 장화는 하나의 아이콘이다.

들 어 가 는

글

그러나 시장에서 고객이 꼭 이성적 판단을 하는 것만은 아니다. 고객을 이성이 아닌 새로운 관점에서 조명하고 정의하면 그동안 기업이 인식하지 못했지만 엄연히 존재하는 고객을 볼 수 있다. 만약 인류학자 레비-스트로스가 현대의 고객을 정의한다면 이렇게 말할 것이다.

"헌터를 구매하는 오늘날의 고객은 이성의 고객이 아니라 야생의 고객이다."

레비-스트로스는 시대를 막론하고 '인간 사회의 중심에는 이성의 사고뿐만 아니라 야생의 사고가 존재한다'는 것을 깨우쳐주었다. 현대 인간들이 현대적이고 서양적인 이성의 사고에 몰입되어 인간 현상을 편협하게 판단할 때, 레비-스트로스는 인간이 과거에는 물론 현재에도, 아프리카와 아시아는 물론 유럽에서도 원시적인 야생의 사고를 한다는 사실을 밝혀냈다.

당신이 헌터의 고객처럼 이성의 사고가 아닌 야생의 사고를 하는 야생의 고객에 관심이 있다면, 그런 고객을 만족시킬 수 있는 마케팅은 어떻게 하는지 그 방법이나 기술이 궁금할 것이다. 그러나 마케팅 기술이나 방법에 대한 호기심은 잠시만 접어두기를 권한다. 먼저 우리가 왜 마케팅을 알아야 하는지 그 이유부터 생각해보았으면 해서다.

고객이 기업의 제품을 구매하지 않으면 기업이 존재할 수 없다는 사실은 명백하다. 따라서 기업이 고객을 이해하는 것은 기업 경영의 시작임이 자명하다. 그러나 역사상 고객은 기업에게 자신의 실체에 대해 제대로 보여준 적이 없었고, 자연스레 고객 이해는 기업 경영의 가장 큰 미스터리 중 하나가 되었다.

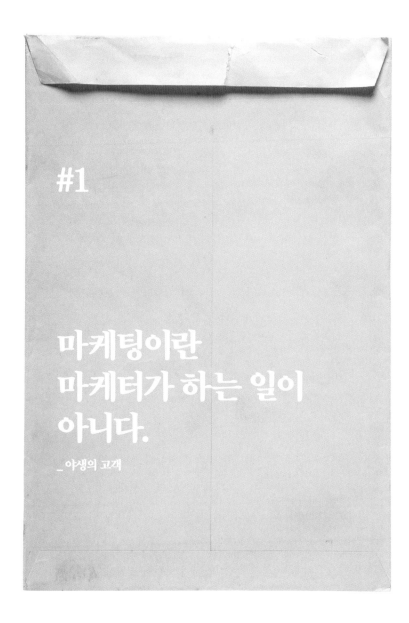

#1

마케팅이란
마케터가 하는 일이
아니다.

_야생의 고객

들 어 가 는

글

휴렛패커드Hewlett-Packard를 창업한 데이비드 패커드David Packard는 "마케팅은 너무 중요해서 마케팅 부서에만 맡길 수 없다"고 우리에게 조언한다. 기업 안에서 고객과 가장 자주 마주치는 곳이 마케팅 부서임에도, 패커드는 이미 오래전부터 마케팅을 통해 우회적으로 고객 이해의 중요성을 강조한 것이다. 예전에는 고객을 이해하고 그들을 만족시키는 것이 리더의 역할이자 의무였다. 하지만 마케팅 기술이 늘어나고 마케팅에 대한 인식이 높아질수록 아이러니하게도 마케팅은 리더의 일이 아니라 전문가의 일이 되어버렸다.

앞서 인용한 패커드의 말뜻은 마케팅이 중요하기 때문에 마케팅 예산을 늘리거나 인원을 확충하라는 이야기가 아니다. 다시 말해, 기업의 리더는 탁월한 마케터가 되라는 것이다. 그러나 요즘 현장에서 리더들은 마케팅―고객을 이해하는 일―을 사내 전문가에게 맡기거나 아예 기업 외부에 의존한다. 이런 현실을 반영한 탓인지 대부분의 마케팅 책은 고객 만족 또는 고객을 이용한 매출 증대에 관한 '기술적' 내용뿐이고 독자들은 그런 책을 좋다고 말한다.

기업의 리더는 고객이 중요하다고 말하지만 기업 안에서 어느 누구도 진지하게 고객이 누구인가에 대해 깊은 논의를 하지 않는다. 이는 마케팅 전문가도 마찬가지다. 오늘날 기업 마케팅의 가장 큰 오류가 여기에 있다. 정치가 선문 정지인들이 하는 일이 아닌 것처럼 마케팅이란 마케터가 하는 일이 아니다.

나는 이 책을 통해 마케팅을 원래 자리로 돌려놓고자 한다. 마케팅이 있어야 할 올바른 곳은 전문 마케터의 자리가 아니라 리더의 자리이다.

그래서 이 책은 마케팅에 관한 내용을 담고 있지만 마케팅 부서에서 일하는 사람을 위해서 쓰인 것이 아니다. 컨설팅, 코칭, 교육을 하면서 야생의 고객에 대한 이야기를 할 때면 마케터보다 상품 기획자, R&D 연구원, 디자이너, CEO 들이 더 많은 호기심을 보여주었다.

처음에는 그들이 마케팅이나 고객에 대한 이해가 부족해서 야생의 고객에 관심을 갖는 것이라 생각하였다. 그러나 그들이 야생의 고객에 관심을 갖는 이유는 마케터보다 고객에 대한 갈증을 더 강하게 느끼고 있어서였다. 전문 마케터들이 마케팅 기술에 빠져 고객과 점점 멀어져가는 반면, 야생의 고객에 대한 관심을 표한 리더들은 시장에서 고객과 마주하면서 고객에 대한 갈증을 더 절실히 느꼈던 것이다. 이 책을 통해 기업 내 각 영역의 리더들이 단순한 관리자에서 야생의 고객을 깊이 이해하는 마케터로 돌아오기를 간절히 희망한다.

책은 하나의 흥미진진한 여행 같다고 생각한다. 여행이 흥미진진해지는 것은 익숙함을 벗어나 간혹 마주치게 되는 낯섦 때문이다. 인간에게는 낯선 것을 만나면 처음에는 당황하지만 이내 낯섦을 통해 과거에는 생각하지 못했던 새로운 대안을 만들어내는 놀라운 재주가 있다. 이 책을 통한 여행으로 당신이 간혹 마주할 낯선 질문과 이야기가, 책을 읽기 전에는 전혀 생각지 못했던 새로운 대안을 만들어내는 기회가 되기를 바란다. 그럼, 나와의 본격적인 여행을 다음과 같은 질문으로 시작해보겠다.

"당신의 고객은 어떤 인간인가?"

이 책의
활용법

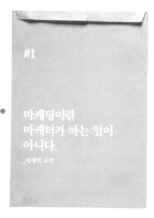

#1

마케팅이란
마케터가 하는 일이
아니다.
_이생의 고객

1 당신의 스마트폰에 저장할 영감 있는 내용

기억하거나 곰곰이 생각할 내용은 별도로 배치해두었다.
요즘은 기억해야 할 것을 스마트폰에 저장한다. 기억하
고 싶은 내용이 있으면 사진으로 찍어 저장하거나 당신의
SNS에 올려 공유하기 쉽도록 만들었다.

2 인물 소개를 통한 자기 진단

더 깊은 이해를 위해 본문에 등장한 경제학자, 철학자에 대한 인물을 소개하는데, 다만
사전식 설명을 지양한다. 시장의 관점에서 인물에 대한 통찰력 있는 해석과 하나의 질
문을 통해 당신은 물론 당신의 기업을 스스로 진단할 수 있도록 유도한다.

3 하루에 끝내는 문제 해결 여행

팀원들과 문제를 해결하고 싶은가? 문제 해결은 단 하루면 충분하다.
당신의 팀원들과 하루 워크숍을 떠나 배운 것을 실습하고 적용 가능한 워크숍 가이드가 준비되어 있다. 대기업은 물론 중소기업까지, 임원은 물론 신입사원까지, 첨단 IT는 물론 감성적인 화장품 영역에서까지 워크숍을 진행해 검증해낸 툴이다.

4 장별 요약

내용을 요약 정리하는 것은 염려 말고, 당신은 책을 이해하는 데 집중하라. 각 장의 마지막 부분에는 핵심 내용이 요약되어 있다.

고객의 니즈를 아는 것은 지식이고

고객이 누구인가를 아는 것은 지혜다.

1

야생의 고객
'우리의 고객은 누구인가?'

1

기업이 만난 인간,
길들여진 고객

고객 니즈는 고객 정보가 아니라
고객의 사고방식에 관한 이야기다

1982년 상영된 SF공상과학영화의 고전인 〈블레이드 러너〉*는 인간과 복제인간의 극명한 차이를 보여준다. 같은 해 상영된 최고 히트작 〈E.T.〉에 비하면 상업적으로 형편없는 성적을 거두었지만, 〈블레이드 러너〉가 훨씬 더 미래를 구체적으로 그렸고 철학적으로도 심오한 질문을 던져 마니아들에게는 지금도 사랑받고 있다.

이 영화는 과학문명이 최고로 발달한 미래의 캘리포니아 LA 도심을 배경으로 전개된다. 미래 사회는 유전공학의 발달로 인간과 구별이 불가능할 정도로 완벽한 복제인간을 개발했고 인간이 일하기 어려운 분야에 이들을 투입한다. 복제인간은 인간보다 뛰어난 육체적 능력을 지녔고 지능도 뛰어나지만 이들은 인간의 노예나 다름없다.

어느 날 복제인간들은 반란을 일으키고 인간 사회에 들어가 인간으로 위장하여 살아간다. 복제인간의 외모는 인간과 거의 같고 지능 또한 뛰어나기에 이들을 색출하기가 거의 불가능했다. 이 문제를 해결하기 위해 투입된 수사관들이 인간과 복제인간을 구별해내는 방법은 흥미롭다. 과학문명이 발달한 최첨단 세계에서 활동하는 전문 수사관들이 미드(미국 드라마)에 등장하는 CSI 과학수사대처럼 범인을 잡아낸다고 생각하면 오산이다. 수사관들은 과학적이 아니라 오히려 평범하면서도 가장 상식적인

---

* 리들리 스콧 감독, 해리슨 포드 주연. 이 영화에 대한 해석은 철학자 김용규의 해석을 참조했다.

질문을 통해 복제인간과 인간을 구별해낸다.

"당신의 어머니는 어떤 사람입니까? 어머니에 대한 좋은 추억을 이야기해보세요."

복제인간은 어려운 질문에는 능숙하고 명확하게 대답하지만 오히려 어머니에 대한 기억 같은 평범한 질문에는 대답하지 못한다. 인간이라기보다 고성능 컴퓨터 같은 복제인간의 뇌에 어머니에 관한 백과사전식 정보는 입력할 수 있지만 어머니에 대한 인간적 경험은 입력할 수 없기 때문이다.

〈블레이드 러너〉에 등장하는 영민한 수사관들은 복제인간에 대해 많이 안다기보다 인간이 누구인가를 잘 알기에 문제의 핵심을 찌르는 수사를 할 수 있었다. 인간은 인간이 가진 정보의 양이 아니라 인간이 가진 독특한 사고방식 때문에 복제인간과 구별된다는 사실을 수사관들은 잘 알고 있었기 때문이다.

영화를 보던 중 수사관이 복제인간과 만나는 장면이, 흔히 기업이 고객과 만나는 장면과 오버랩되었다.

'나는 고객의 뇌에 축적된 고객 니즈needs(필요)에 대한 정보를 알아내기보다 고객은 누구인가를 알아내는 데 더 열심일까?'

만약 기업이 상품개발 사전 단계에서 고객에게 어떤 장화가 필요하냐고 물어보면 대부분의 고객은 다음과 같이 말할 뿐이다.

"방수 기능이 좋은 장화를 만들어주세요."

앞에서 소개한 '헌터 같은 패션 장화가 필요합니다'라고 말하는 고객은 없다. 실상 고객도 그들이 미래에 어떤 장화를 원하는지 알지 못하기에 기업이 고객 니즈에 대한 정보를 아무리 많이 안다고 하더라도 헌터 같은 장화는 만들지 못한다.

그럼에도 기업은 그들이 모은 고객 정보를 통해 기업 스스로 현실에는 존재하지 않는 고객을 만들어낸다. 엑셀 시트sheet에 다양한 관점의 숫자로 분석된 고객은 현실에 존재하는 것이 아니라 숫자로 된 통계 내에서만 존재할 뿐이다. 고객이 중요하다는 사실을 넘어 이제 고객은 왕이라는 생각이 기업의 상식이 되어 고객 정보는 넘쳐나지만 기업은 고객의 허상을 만날 뿐, 오늘날 고객은 기업 안에서 이미 죽었다.

기업은 CSI 과학수사대처럼 첨단 분석기법과 빅데이터를 활용하는 등 그 어느 때보다도 고객에 대한 정보를 많이 가지고 있지만 경영자와 상품 기획자, 디자이너, 전략가 그리고 마케터는 다음과 같이 말한다.

"고객을 잘 모르겠다. 그들의 니즈를 알기만 하면 문제를 해결할 수 있을 텐데……."

정보의 양이 아니라 인간이 누구인가라는 단순한 설정으로 인간과 복제인간을 구별해내는 〈블레이드 러너〉의 수사관처럼 오늘날 기업은 고객 니즈에 대한 정보가 아니라 고객은 누구인가를 먼저 이해해야 한다. '고객은 어떤 정보를 뇌에 갖고 있는가?'보다 '고객은 어떤 사고방식을 가졌는가?'가 중요한 문제임을 패션 장화 헌터는 보여주었다. 실제로 현장에서 고객을 만나보면 '고객이 무엇을 원하는가?'의 정보보다 고객이 어떻게 생각하느냐, 즉 고객의 사고방식이 더 중요하다는 것을 쉽게 알 수 있다.

예를 들어 사랑스런 아이들을 위해 어머니가 오후 간식으로 과일을 준

#2

고객은
기업 안에서
이미
죽었다.

고객을
안다는 것은
고객 니즈에
대한
정보가 아니라
고객의
사고방식을
아는 것이다.

_ 야생의 고객

비한다면 어떻게 하는 것이 가장 현명할까? 어머니는 아침에 아이에게 사과와 오렌지 중 무엇이 좋으냐고 질문하여 아이가 사과가 좋다고 하면 마트에서 사과를 구매하여 간식으로 내놓으면 된다. 아이가 한 명인 가정에서는 아이의 니즈를 아침에 조사하면 아이의 오후 행동을 예측할 수 있지만 나처럼 세 명의 아이를 둔 가정에서 고객 니즈에 대한 정보만을 알아내는 기계적 고객 조사는 무용지물이다.

만약 우리 집 세 아이들에게 사과와 오렌지를 주면 어떤 것을 선택할까? 정답은, 나는 물론 나의 아내도 모른다. 그때그때 다른데, 다만 아이들 나름대로의 기준이 있다. 아이들은 더 적은 것을 선호한다. 사과가 세 개이고 오렌지가 두 개밖에 없다면 귀신같이 알고 오렌지부터 차지하려고 한다. 먹기 전에는 "사과를 더 좋아해요"라고 말했더라도 오렌지의 양이 적으면 "오렌지가 좋아요" 하며 마음을 바꾼다.

아이가 셋인 집에서 웬만한 것은 거의 경쟁이다. 좋은 것은 빠르게 없어진다는 사실을 아는 아이들은 자신이 좋아하는 것을 좋아한다고 이야기하지 않는다. 아이들은 '부족한 것을 좋아한다'라고 말한다. 아이가 하나인 집의 아이에게 과일은 '간식'으로 존재하지만 아이가 셋인 집의 아이들에게 과일은 '선점할 대상'으로 존재하기 때문이다.

만약 〈블레이드 러너〉의 수사관이 아이 셋인 가정의 간식으로 과일을 준비한다면, 아이들에게 무엇을 먹고 싶으냐고 물어보는 대신 '맛있는 간식은 뺏길 수 없다'는 아이들의 사고방식을 먼저 이해하는 데 힘쓸 것이다. 현실에서 아이 셋인 가정의 과일 선호도 조사는 의미가 없다. 아이들을 만족시키기 위해서는 아이들의 과일에 대한 사고방식을 이해하는 것이 훨씬 중요하다.

　기업이 만약 고객 사고방식을 이해하지 못하고 단순히 고객 니즈에 대한 정보를 모은다면 이는 삼각형의 면적을 구하는 공식을 모르면서 삼각형의 길이만 정확히 측정하려고 하는 것과 같다. 기업은 고객 니즈에 대한 정보보다 고객의 사고방식을 먼저 알아야 한다.

고객은 현재의 판단보다
흐릿한 과거의 기억을 더 소중히 여긴다

아무리 일본 도시락의 경쟁력이 뛰어나도 잘못하다간 한국 도시락 시장에서는 자리 잡기 어려울 수도 있습니다. _C 도시락 본부장 K씨

　2012년 일본 도시락 톱 브랜드 가운데 하나인 A 브랜드의 국내 시장 진출을 위한 컨설팅 중에 만났던 한국의 도시락 전문가들은 성공을 예상하는 의견을 내놓았지만, 일부는 그렇지 않았다. 특히 고객과 밀접하게 일하는 도시락 유통이나 영업 분야 전문가들이 낮은 점수를 주었다. 그들이 그렇게 예상한 이유는 일본 도시락 브랜드의 경쟁력을 의심해서가 아니라 한국 도시락 시장의 특수성 때문이었다.

　일본 도시락 시장은 우리나라 도시락 시장과는 비교할 수 없을 정도로 거대하고 도시락 브랜드들의 경쟁력도 좋다. 한국 사람들이 야외 활동이나 모임과 같은 특별한 때에 도시락을 먹는 것과는 달리, 일본 사람들에

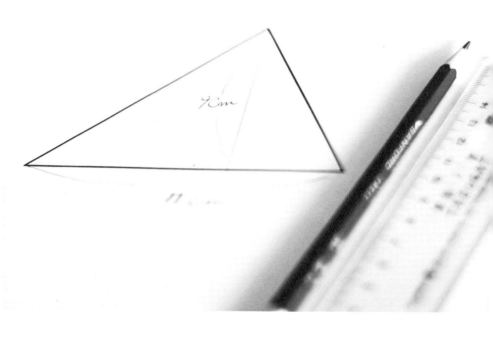

자와 연필로 삼각형의 길이에 대한 정보를 정확히 측정했어도 면적을 계산하는 방식(원리)을 알지 못하면 삼각형의 넓이를 알 수 없다. 이와 마찬가지로 고객의 사고방식에 대한 이해 없이 고객 니즈에 대한 정보만을 가지고 있는 기업은 고객을 알 수 없다.

게 도시락은 일상적으로 자주 먹는 점심 메뉴 중 하나이다. 따라서 일본 도시락 브랜드는 다른 도시락 브랜드뿐만 아니라 일반 식당과도 경쟁한다. 또한 세븐일레븐, 패밀리마트 같은 편의점까지 오래전부터 도시락 시장에 진출하여 서로 치열하게 경쟁했고, 그 가운데 생존한 실력 있는 업체들이 도시락을 만들기에 도시락 수준도 전반적으로 훌륭했다.

반면 한국 도시락 시장에서는 한솥이라는 강력한 1등 도시락 브랜드가 일본 브랜드와는 다소 상이한 시장에서 경쟁력을 갖고 시장을 선점했다. 한솥은 일반 식당과 경쟁하여 성공한 것이 아니라 '저렴하고 간편한 점심 대용식' 시장을 만들어내 성공한 브랜드이다.

한국의 점심식사 시장에서 점심값은 5천~8천 원이었지만 한솥은 3천~4천 원대의 주요 메뉴가 있으며 메뉴 대부분은 5천 원을 넘지 않는다. 품질은 아주 뛰어나다고 할 수 없지만 가격에 비하면 꽤 상당한 수준이다. 서울 시내에서 3천 원대 밥을 먹을 수 있다는 것은 상당한 매력이다. 지갑이 얇은 직장인들과 학생들한테 한솥은 거의 절대적인 지지를 받고 있었다.

한국의 도시락 유통 쪽 전문가들은 일본의 A브랜드는 점심식사 대용이 가능한 5천 원 이상의 도시락은 잘 만들지만 한솥처럼 3천 원대 도시락은 잘 만들지 못할 것이기 때문에 성공 가능성에 부정적이었다. 고객 조사에서도 기존 고객들은 비교시식회를 통해 일본 도시락의 우수성에 놀라며 만족감을 표시했지만 5천 원 이상 하는 도시락을 구매하겠냐는 질문에는 다소 망설이는 입장을 취하였다.

비교시식을 해 보니 일본 도시락이 일반 한국 도시락보다 맛이 좋기는 한데 6천 원에 판매하면 구매하지는 않을 것 같아요. 한솥의 대부분 메뉴는 5천 원 미만이잖아요. _월 2회 이상 도시락을 구매하는 직장인 서이경 씨(가명)

결국 일부 도시락 전문가들의 주장은 한국에는 5천 원 이하의 도시락 시장만 존재하기 때문에 일본 도시락이 우수하긴 하지만 한솥처럼 5천 원 이하의 메인 메뉴를 경쟁력 있게 내놓지 못한다면 고객에게 외면받을 수 있다는 것이었다.

그들의 지적은 타당성이 있었다. 5천 원 이상에서 주력 메뉴가 있는 도시락 회사가 3천 원대의 도시락을 제대로 만든다는 것은 쉬운 일이 아니다. 좀 과장하자면 솜씨 좋은 일류 한식집에서 기가 막힌 1만 원대의 점심 특선 김치찌개를 만들 수는 있어도 5천 원대의 평범한 김치찌개를 만들기는 어렵다는 말이다. 5천 원대의 김치찌개를 만들려면 일단 대중적인 레시피 개발도 힘들거니와 가격에 맞출 수 있는 식자재 공급처부터 찾아야 하고, 저렴한 가격의 음식을 대량으로 생산할 수 있도록 주방의 설계도 바꾸어야 한다. 그래서 시장만 존재한다면 3천 원대 메뉴를 개발하기보다는 일본 도시락의 강점을 살려서 5천 원 이상의 도시락을 제대로 만드는 것이 현실적이었다.

과연 5천 원 이상의 도시락 시장은 존재할까? 결론을 내기 위해 다양한 관점에서 객관적 분석을 시도했다. 그러다가 개인적으로 5천 원 이상의 도시락 시장이 가능하다고 생각한 것은 몇몇 고객과의 대화를 통해서였다.

고객 조사 과정을 통해 우리 팀은 고객에게 5천 원 이상의 도시락을 구매하겠냐고 직접적으로 물어보았지만 이런 직접적인 질문에 대한 대답을 나는 크게 신뢰하지 않는다. 아무리 한솥 도시락을 많이 먹는 소비자라도 경험하지 못한 5천 원 이상의 도시락을 구매하겠느냐는 질문에 "예" 또는 "아니요"라고 대답할 수 있지만 그것이 실제로 상용화되었을 때 구매하는 것과는 별개의 문제이기 때문이다.

이럴 때에는 다른 방법의 질문이 훨씬 유용하다. 고객이 알지도 못하는 도시락의 미래를 묻기보다는 그들이 확실히 기억하고 있는 도시락의 과거에 대해 물어보는 것이다. 구체적으로는 과거에 대한 기억이다.

인간은 첫인상을 중요하게 생각한다. 첫인상 이외에도 첫 입학, 첫 졸업, 첫 여행, 첫 키스 등 인간이 처음 경험하는 것은 뇌리에 선명하게 남아 있어 타인과 맺는 미래의 관계나 혹은 의사선택에 영향을 미친다. 마치 〈블레이드 러너〉의 수사관처럼 인간의 기본적 사고방식 관점에서 고객이 생각하는 도시락의 과거 기억을 통해 단서를 찾는 것이다.

"도시락을 처음 먹었을 때 그 경험을 이야기해주시기 바랍니다."

그러고 나서 도시락을 처음 경험한 상황과 느낌을 물어보았다. 누가 도시락을 만들고 누구와 어떤 상황에서 먹었고 그때의 느낌을 구체적으로 묘사하게 했다. 이때 공통되게 나오는 하나의 키워드가 있었다.

'어머니!'

많은 사람들이 '도시락' 하면 소풍, 김밥, 장조림, 소시지, 난로 위 도시락 등을 떠올리며 자연스럽게 도시락을 준비한 어머니를 공통적으로 언급하였다. 그래서 사람들이 생각하는 어머니표 도시락은 무엇인지 알아보았더니 '정성' '맛' '영양' '믿을 수 있는' 등이었다. 여기에서 고객이 실제로 구입하는 한솥 도시락과 고객의 기억 속에 있는 도시락 사이에 큰 차이점을 발견하였다.

한솥의 고객에게 한솥 도시락은 편리한 한 끼 식사인 '칼로리 충전'이지만 고객의 기억 속에 있는 도시락은 어머니가 정성 들여 만든 영양 많고 믿을 수 있는 '따뜻한 사랑'이었다. 시장에서는 한솥이 영리하게 선점한 시장 장악력 때문에 고객이 편리하고 간편하다고 인식하는 '칼로리 충전'식 도시락만 존재하였다. 그러나 많은 고객의 기억 속에 공통적으로 존재하는 건강하고 믿을 수 있는 도시락의 기억을 불러올 수 있다면, 5천 원 이상의 맛과 영양이 풍부한 도시락 시장도 만들 수 있다는 결론을 내렸다.

2년이 지난 현재 한국의 도시락 시장에는 한솥과는 달리 영양이나 맛을 강조한 5천 원 이상 메뉴를 주력 메뉴로 하는 브랜드가 많아졌고, 이는 한솥이 주도하던 1990년대 후반에서 2010년대 초반까지 볼 수 없었던 현상이다. 물론 한솥의 점심식사 대용 간편 도시락 시장도 건재하다. 이런 올바른 결론을 내리게 된 것은 무엇보다 도시락에 대한 고객의 기억을 바탕으로 미래를 예측했기 때문이다. 과거는 오래된 미래다. 고객은 기억을 소중하게 간직하는 사고방식을 가졌고, 이것은 그들의 미래 행동 양식에 영향을 준다.

시장에서는 고객의 추억이 미래를 결정한다는 사고방식을 포함하여 다양한 야생의 사고방식이 존재한다. 반면 기업의 사무실에는 오랫동안 고정된 사고방식이 존재한다. 이제 그 고정된 고객의 사고방식은 무엇인지 살펴보겠다.

똑똑한 고객의
욕심은 정당하다

"선배님, 그런 건 해외직구로 하셔야 해요!"

컴퓨터를 쓸 줄만 알았지 컴퓨터의 구조에 대해서는 문외한이기에 같이 일하는 전자공학과 출신의 후배에게 컴퓨터 주변기기를 어디서 구매하느냐고 물었다. 후배는 해외직구*를 권하는 것을 넘어 거의 강요(?)를 하였다.

해외직구는 어떤 매력이 있을까? 한국에 비해 미국의 공산품 가격은 상당히 저렴하여 미국 현지에서 한국으로 직접 상품을 주문하면 상당 금액을 아낄 수 있다. 몇 년 전까지는 배송료와 세금이 만만하지 않아 거래가 이루어지지 않았지만 이제는 몰테일malltail 같은 해외배송대행업체와 세금을 감면해주는 FTA 효과로 인해 상당히 저렴한 가격에 제품 구입이 가능해졌다.

물론 고려해야 할 장애물은 있다. 환율, 세금, 배송료를 감안하여 철저히 가격을 비교 분석해야 하지만 이러한 수고스러움을 잊게 하는 것은 저렴한 가격이다. 후배는 중국 명문 칭화대 전자공학과 출신답게 계산을 척척 해나갔다. 까다롭긴 하였지만 해외직구는 확실히 저렴하게 구매할 수 있는 꽤 매력적인 방법이다.

몰테일에 호기심이 생기자 직업의식(?)이 발동했는지 나는 고객들이

---

* 해외 온라인 쇼핑을 통해 저렴한 상품을 직접 주문하는 쇼핑 방법.

몰테일을 어떻게 인식하는지 궁금해졌다. 가정 먼저 알고 싶은 것은 '누가 이용하는가?'였다. 온라인 쇼핑이라고 하기에는 다양한 변수 계산이 요구되고, 간단하긴 해도 시종일관 영어를 사용해야 하기에 몰테일의 주 고객층은 영어 사용에 익숙하고 계산이 빠른 학생들이나 젊은 직장인들일 것이라고 짐작되었다. 그러나 예상과는 달리 주부들이 주 고객이었고, 몰테일이 제공하는 친절한 설명을 보고 당당하게 구매한 자신만의 쇼핑 스토리들을 자기 블로그에 올려 놓았다. 그들은 한국 백화점이나 아울렛의 상품 가격과 꼼꼼히 비교해보고 세금, 해외 배송비 등을 고려하여 스마트하게 쇼핑하고 있었다.

당신의 고객은 어떤가? 몰테일의 고객처럼 요모조모 따져가며 똑똑하게 구매하지 않는가? 2009년 인쇄물로 된 전문서적을 온라인상에서 판매하기 위한 컨설팅을 하던 중 국내 리딩 포털을 운영하는 고위 임원을 만나 온라인 고객들의 가격 인식에 대한 이야기를 듣게 되었다.

"온라인에서 컨텐츠를 판매할 때 적정가격이 얼마인 줄 아세요?"

"어떤 컨텐츠인가에 따라 다르지 않을까요?"

나의 답변에 그는 단호하게 말하였다.

"제 생각에는 제로입니다. 포털에서 일반 고객은 돈을 주고 서비스를 받아본 경험이 거의 없어요. 엄청나게 투자한 메일, 카페, 블로그, 사전 등등의 서비스를 무료로 쓰죠. 고객들은 참 이기적이에요. 서비스를 무료로 이용하면서 서비스가 안 좋으면 엄청나게 컴플레인을 하거나 아예 다른 포털로 떠나버리죠."

고객의 사고방식에 윤리적으로 문제가 있거나 옳지 않은 것이 아니라,

기업이 아무리 노력해서 상품을 만들어도 고객이 지불하고 싶은 가격은 저렴한 것을 넘어 제로라는 주장이었다. 가격에 대한 고객의 욕심은 끝이 없다. 시장에서의 고객은 늘 똑똑하고 그들의 이기심은 언제나 정당하다.

애덤 스미스, 고객은 이기적이고 이성적인 계산기

　몰테일을 활용하는 똑똑하고 욕심 많은(?) 고객은 이미 약 250여 년 전, 최초의 경제학자로 알려진 애덤 스미스Adam Smith(1723~1790년)가 정의한 개념이다. 그는 경제 활동을 하는 인간을 '이기적이고 이성적인 계산기'로 생각하였다. 애덤 스미스에 의하면, 이성적 쇼핑을 하는 몰테일 고객과 무료로 서비스를 제공받고도 무언가를 더 요구하는 이기적인 포털 사용자뿐만 아니라 경제 활동을 하는 모든 인간이 늘 이기적이고 이성적인 행동을 하는 것은 지극히 당연한 현상이다. 그들은 자국 내의 유통을 이용하지 않아도 애국심에 가책을 느끼지 않고, 망해가는 회사의 재고 처분 행사장에서 물건을 저렴하게 구매할 때도 동정의 눈물을 흘리지 않는다.

　애덤 스미스는 기업 또한 고객처럼 이기적인 계산기 같은 사고방식을 가졌다고 생각한다. 예를 들어 우리가 음식을 먹을 수 있는 것은 농부나 정육업자 또는 어부의 '자비'가 아니라 그들의 '이기심' 때문이라고 설명한다. 여기서 우리는 애덤 스미스의 기업관을 엿 볼 수 있다. 공급자(기업)

가 이기심과 경쟁을 통해 상품을 만들면 사람(고객)들은 이기심을 통해 저렴하면서도 품질이 좋은 상품을 선택한다는 논리이다. 이러한 논리에 의하면 자연스레 기업은 자신의 이익을 위해 상품을 만들어내는 공급자로, 고객은 자신의 이기심으로 상품을 구매하는 수요자로 인식된다. 그래서 기업은 공급곡선상에 존재하고 고객은 수요곡선상에 존재하는 것이고, 그들이 균형을 맞출 때 거래와 교환이 일어나는 것으로 해석한다.

이런 경제관에서 기업은 매출이 오르지 않으면 가격을 내리거나 품질을 고급화하는 것으로 문제를 해결할 수 있다. 고객도 자신의 필요에 따라 이성적인 판단에 의해 더 싸고 더 품질 높은 상품을 선택한다. 고객과 기업은 치열한 눈치 싸움을 통해 서로 이기적이면서도 이성적으로 자기에게 유리한 균형점을 맞춰간다.

애덤 스미스의 경제관에서는 개별적 주체(고객은 물론 기업)가 이기적으로 최선을 다해 경제 활동을 함으로써 개별적으로는 무질서해 보이지만 전체적으로는 이성적인 시스템 안에서 움직일 수 있다. 보이지 않는 손이 시장을 균형 있게 만들어낸다는 논리이다.

과학적인 경제학이 설명하는 논리가 타당해 보이지만 경제라는 과학으로 인간을 재단하는 식의 논리는 사실 유무를 떠나 불편하다. 여기에서의 고객과 기업은 서로 싸우는 장기판의 말과 같고 이를 움직이는 '보이지 않는 손'은 말을 움직이는 전지전능한 신처럼 보인다. 과연 애덤 스미스의 경제학 논리는 타당한 것일까? 기업은 애덤 스미스의 경제 개념을 상식으로 받아들이고 의사결정을 할 때 주요한 논리로 사용하지만 애덤 스미스의 경제 개념이 가진 사고방식의 한계에 대해서는 제대로 인식하

고객을 보이지 않는 손의 의지에 따라 움직이는 장기판의 말이라고 보
는 사고방식은 불편하다.

야 생 의

고 객

거나 심각하게 고민하지 않는다.

예를 들어 기업이 외치는 고객사랑은 모두 이기심에서 나온 가식일까? 일정 정도 수긍은 가지만, 손님이 좀 한가한 시간에 가면 계란말이 한 접시를 더 내놓는 마음씨 착한 순두부집 사장님의 모습이 적어도 내 눈에는 가식으로 보이지 않는다. 40년 전통을 자랑하는 이 순두부 집의 점훈은 '아끼면 망한다'이다. 실제로 그 집에서 부족하게 점심을 먹은 기억이 없다. 늘 푸짐하다. 계산을 할 때마다 따뜻함과 진정성이 느껴진다. '아끼면 망한다'는 점훈을 정말 그대로 따르기 때문이다.

과학적인 경제학 안에서의 고객은 늘 이기적이고 이성적으로 사고한다. 이런 설정으로 기업이 고객은—이기심과 이성—두 개의 변수로 움직이는 '프로그램화된 계산기'라고 인식하는 것은 자연스런 현상이다. 고객이 프로그램화된 계산기라고 생각하기에 기업은 두 개의 변수를 통해 고객의 행동을 예측하거나 조작할 수 있다고 믿는다.

마침내 기업은 고객이 어떤 상품을 이성적으로 좋다고 판단하는지 다양한 고객 정보를 이용해 분석하기 시작하였고, 이를 통해 어느 정도 성공을 거두었지만 여전히 기업의 신상품은 실패하고 기업의 전략가와 마케터는 고객을 잘 모르겠다고 말한다. 이런 영향 아래에서의 기업은 무의식적으로 고객을 자유롭게 사고하는 인간이 아닌 계산기로 이해하고 있다. 즉, 고객을 이성으로만 판단하는, 이성에 길들여진 인간으로 보고 있지만, 인간은 결코 길들여진 사고만 하지는 않는다. 과연 어떻게 해야 자유롭게 사고하는 인간으로서의 고객을 만날 수 있을까?

비즈니스 십계명을 선물한
애덤 스미스

—

애덤 스미스(알려진 것과는 달리 애덤 스미스가 독점 기업가에 반대하고 소비자의 이익을 옹호했다는 반론이 있다. 이런 관점에서도 애덤 스미스를 평가하는 것이 바람직하나 이 책에서는 기업 내에서 습관적으로 인식하는 애덤 스미스의 사상을 중심으로 설명했다)는 최초의 근대적인 경제학 저술인 《국부론》을 집필한 경제학자로 유명하지만 내 호기심을 끄는 것은 그가 '고객은 어떤 인간인가?'에 대해 구체적으로 해답을 제시하였다는 점이다. 고객은 이기심과 이성으로 행동한다는 그의 통찰력 있는 해석으로 기업은 비로소 번거롭지 않게 고객을 만족시킬 수 있는 비밀을 알게 되었다.

애덤 스미스가 제시한 비밀은, 가능한 한 저렴한 가격에 높은 품질의 제품을 제공하면 성공할 수 있다는 기업 활동의 명확한 기준이다. 이 비밀은 애덤 스미스가 기업에게 선물한 가장 큰 유산이며 아직도 유효하다. 가격 대비 품질을 높인다는 것이 지금은 일종의 상식이지만 당시에는 그렇지 못했다는 것을 감안하면 그는 기독교인에게 십계명을 주어 길을 잃은 민족에게 명확한 방향을 제시한 모세의 역할을 한 것이나 다름없다.

반면 기업 안에는 애덤 스미스의 저주도 있다. 가격 대비 품질을 높이는 것은 오늘날 기업에서 상식을 넘어 습관에 가깝다. 만약 매출이 줄어들면 기업이 흔히 선택하는 옵션은 세일이다. 세일을 하면 고객은 외면했던 상품을 구매할까? 당신의 기업에서는 애덤 스미스의 예언처럼 세일을 하면 팔리지 않던 재고가 모두 팔리는가? 불행하게도 현실에서 고객은 애덤 스미스의 예언에 따라서만 행동하지는 않는다.

기준과 습관은 기업을 비교적 안전한 길로 인도하지만, 더 이상 창의적으로 생각하지 못하게 만드는 맹점이 있다. 애덤 스미스의 저주는, 기업으로 하여금 다양한 고객의 사고방식에 대해 무심하거나 외면하게 만들고 위기가 닥쳤을 때 세일이나 1+1 외에 다른 대안을 생각해내지 못하게 한다는 것이다.

◀ 애덤 스미스의 질문

매출이 하락하거나 위기가 닥쳤을 때 당신의 기업이 취하는 행동은 깊은 사고 가운데 고안해낸 선택인가 아니면 애덤 스미스의 저주를 받은 습관적 선택인가? 만약 당신의 기업이 애덤 스미스의 저주를 받았다면 여기에서 벗어나기 위해 해야 할 가장 중요한 행동은 무엇인가?

1장에서 기억할 것

—

　패션 장화 브랜드 헌터는, 고객이 이 회사의 장화를 준비하고 비가 오기를 갈망할 정도로 사랑받는다. 흔히 기업은 고객 니즈에 대한 정보를 많이 알면 헌터 같은 상품을 개발할 수 있다고 믿지만 이는 기업의 착각이다. 기업이 고객에게 어떤 장화가 필요하냐고 물어보면 방수력이 개선된 장화가 필요하고 말할 뿐이다.

　기업은 단순히 고객 니즈에 대한 정보를 캐내기보다 〈블레이드 러너〉의 수사관처럼 인간의 사고방식을 이해하려고 애써야 한다. 〈블레이드 러너〉의 수사관은 인간이라면 어떤 사고방식으로 행동하고 대답하는지 이해함으로써 문제를 해결한다. 고객도 인간이라는 설정하에 기업은 고객의 사고방식을 이해하여 고객의 행동을 예측할 수 있다. 예를 들어 장화를 만드는 기업은 고객이 이성의 사고방식이 아니라 야생의 사고방식을 가진 인간임을 이해할 때 비로소 패션 장화 같은, 고객이 갈망하는 상품을 개발할 수 있다.

반면 현실에서의 기업은 안타깝게도 과학적인 경제학의 이성에 길들여진 편협한 사고방식으로 고객을 이해하는 데 머물러 있다.

- 고객은 이기적이고 이성적인 계산기이다.
- 이기심과 이성이라는 두 가지 변수만 조작하면 기업은 고객의 행동을 예측할 수 있다.

오늘날 기업은 고객에 대한 많은 정보를 과학적으로 분석해 고객의 행동을 예측하지만 그들의 계산대로 고객이 움직이지 않는다는 사실은 과학적인 경제학의 한계를 드러낼 뿐이다.

그렇다면 기업은 어떻게 고객의 행동을 예측하고 만족시킬 수 있을까? 기업도 야생의 고객이 가진 사고방식을 하나하나 이해한다면 고객에게 이런 소리를 들을 수 있을 것이다.

"맞아, 이게 바로 내가 원하던 것이었어……."

2장에서는 과학적인 경제학에서 말하는 길들여진 고객이 아닌 야생의 고객에 대해 좀 더 자세하게 알아보자.

2

시장이 만난 인간,
야생의 고객

고객에 대한 해부학적
지식에서 벗어나라

"사연이 좀 있어요."

글로벌 홍보 기업의 대표를 맡고 있는 선배를 오랜만에 만났는데 재킷은 물론 셔츠와 바지까지 검정색이었다. "오늘 시크해 보입니다"라고 말을 건네자 사연이 있다는 의외의 대답을 했다. 혹시 장례식장 가느냐고 물었더니 비슷한 이유라고 했다.

선배가 검정색 옷을 입은 것은 이틀 전 고인이 된 스티브 잡스Steve Jobs를 추모하기 위해서였고, 며칠 더 그렇게 입겠다고 하였다. 그가 잡스를 좋아하는 줄은 알았지만 그 정도로 존경하는 줄은 몰랐기에 그 이유가 궁금하였다. 내 질문을 받고 그는 잠시 탁자에 놓인 아이폰을 응시한 후 말을 이었다.

"잡스는 다 큰 어른들에게 아이폰이라고 하는 멋진 장난감을 선물했잖아요."

그는 단순히 스티브 잡스를 IT 업계의 혁신가나 선구자로 생각하지 않았다. 아이폰을 핸드폰과 노트북의 융합으로 해석한 것도 아니다. 오늘과 내일이 그다지 다르지 않은 따분한 직장인, 기껏해야 스타벅스 커피 한 잔으로 잠시 치유받았다고 위안을 삼는 불쌍한 현대인에게 무언가 삶의 재미를 알려준 아이폰은 단순한 스마트폰이 아니라 장난감처럼 신기하고 재미있는 친구라는 말이었다.

이제는 고인이 된 잡스의 유산은, 새로운 IT 제품이 아니라 고객을 바라보는 새로운 시각이다. 잡스가 고객이 IT 기기를 '첨단 과학 기술'이 아니라 '장난감'으로 인식한다고 이해했다는 것은 그가 고객에 대해 기존 기업가들보다 많이 안다기보다는 새로운 시각을 가졌다는 것을 의미한다.

소크라테스와 점심을 한번 할 수 있다면 애플의 모든 지식을 내놓겠다고 말한 잡스는 기존 기업과는 다른 고객관을 가지고 있었다. 역사상 가장 위대한 철학자를 만나고 싶다는 잡스의 바람은 그가 고객을 인간 본성의 차원에서 이해하였다는 것을 우회적으로 드러낸다. 그리고 '인간으로서의 고객에게 IT 기기는 어떤 의미일까?' 하고 잡스가 고민한 흔적을 나 또한 애플 제품을 쓰며 느끼고 있다.

반면에 기업이 가진 낡은 고객관은 고객에 대한 해부학적 지식만을 말해줄 뿐이다. 잡스는 고객 조사를 하지 말라는 과격한 말도 하였는데, 이는 생명이 없는 정보를 찾지 말라는 것이다. 예를 들어 기업이 가장 많이 보유하고 있는 고객 정보는 고객이 선호하는 제품에 대한 특징 나열과 고객의 신상 정보 같은 기계적인 내용에 한정된다. 그런 식의 정보로 만들 수 있는 것은 과거보다 개선된 상품이나 서비스일 뿐이다.

고객 니즈에 대한 정보를 캐내려는 기업의 태도는 마치 인간에 대한 해부학적 지식을 탐구하여 인간의 희로애락 또는 철학적 사유방법을 알아내려고 하는 것처럼 어색하기 그지없다. 잡스가 제안한 인간 본성으로서의 고객관은 IT 업계만의 일이 아니라 대부분의 시장에 생각보다 빨리 현실로 다가와 있다.

지식은 선형적으로 축적해가는 것이 아니라 하나의 세계관을 다른 세계관으

로 대체하는 것이다. _토마스 쿤Thomas Kuhn, 과학철학자

'패러다임paradigm'이란 키워드를 제시한 것으로 유명한 토마스 쿤은 새로운 세계관은 점진적으로 대체하는 것이 아니라 어느 순간 갑자기 대체된다고 말한다. 그것이 그가 제안한 새로운 '패러다임'의 속성이다. 쿤의 주장은 기업 지식에도 적용될 수 있다. 과거 기업이 가졌던 고객관이 고객에 대한 해부학적 지식을 강조하였다면, 앞으로 다가올 (아니 이미 현존하는) 고객관은 고객을 인간 본성으로 이해하는 것이다. 그리고 그런 새로운 세계관은 아이폰이 IT 시장을 갑자기 점령한 것처럼 어느 순간 대체될 것이다.

표준 마케팅의 종말과
야생 마케팅의 도래

애덤 스미스의 고객관은 저렴한 가격에 상품의 품질을 높이면 성공할 수 있다는 명확한 기준을 마케터들에게 제공하여 오랜 기간 큰 성공을 가져다주었다. 나는 이성적인 고객을 만족시키기 위해 이성적이고 과학적인 원칙에 의해 지금까지 기업이 수행해온 마케팅을 '표준 마케팅'이라고 부르고 같은 맥락에서 고객을 이성적이고 이기적인 계산기로 인식하는 경제 논리를 '표준 경제학'이라고 부르겠다. 표준 마케터들의 인식과는 달리 오늘날 더 많은 기능을 수행하거나 편리하고 고급스러운 형태

를 띤 상품이 꼭 고객이 원하는 것은 아니다.

요즘 다이어리 노트 시장에서 각광받는 노트는 검정 커버에 간단한 줄만 그어져 있거나 혹은 무지 형태인 몰스킨Moleskine이다. 몰스킨의 성공은 이례적이다. 2000년대 후반까지 일반 직장인들은 효과적인 업무 수행을 위해 프랭클린 플래너Franklin Planner와 같이 시간과 목표를 효과적으로 관리할 수 있는 일명 '시간관리 다이어리'를 많이 사용하였기 때문이다.

시간관리 다이어리는 인생의 목표뿐만 아니라 직장, 가정, 건강에 관한 목표도 균형적으로 세워 이를 효과적으로 달성하기 위해 시간을 관리할 수 있는 구체적 방법을 제시하는 것이 특징이다. 사용 방법은 까다롭지만 지키기만 하면 업무를 효율적으로 할 수 있다. 표준 마케팅에 의하면 프랭클린 플래너처럼 목표나 시간관리 등 탁월한 기능을 제공하는 제품이 각광받아야 하지만 현실에서는 그런 기능을 전혀 제공하지 않는 몰스킨이 더 주목 받고 있다.

몰스킨은 피카소Pablo Picasso와 헤밍웨이Ernest Hemingway 같은 저명한 예술가와 작가들이 썼다는 평범한 블랙 노트북에서 영감을 얻어 만들어졌다. 피카소의 노트에 관심을 갖는 것은 사람들이 피카소처럼 창의적으로 일하거나 생각하고 또는 그런 삶을 살고 싶다는 것을 상징한다. 사람들은 노트가 제시하는 길을 가기보다 자기 스스로 가야 할 길을 노트에 적고 싶어 한다는 것이다. 이것이 다양한 기능을 제공하는 프랭클린 플래너보다 어떤 특별한 기능도 제안하지 않는 몰스킨이 판매되는 이유이다.

표준 마케터는 몰스킨이나 애플 그리고 명품이 팔리는 행태를 예외적 현상으로 간주한다. 과거에는 상품의 외적 가치를 측정 가능한 형태가 주된 판매 방식이었다면 이제는 오히려 측정 불가능한 인간의 본성에 호소하는 상품 형태가 판매되고 있다. 그럼에도 마케팅을 인간을 이해하는 효과적 방편의 하나인 심리적인 관점에서 해석하면 증거가 불충분하다고 하며 설명을 들으려고도 하지 않는다.

코페르니쿠스가 태양이 지구 주위를 도는 것이 아니라 지구가 태양 주위를 돈다는 지동설을 입증하였을 때 그에게 닥친 가장 큰 문제는 과학적 사실을 더 구체적이고 명확하게 증명해내야 하는 것이 아니었다. 코페르니쿠스에게 닥친 과학적 현실은 아이러니하게도 믿으려 하지 않는 사람들을 믿게 만드는 '종교적 설득'의 문제였다. 나 또한 표준 마케팅의 종말을 과학적으로 입증하라고 하는 사람들과 마주할 때 그야말로 절망한다. 이는 행복이나 사랑을 과학적으로 측정해보라는 말과 같다. 몰스킨이나 애플 또는 명품을 좋아하는 사람들의 마음을 과학적으로 측정하거나 예측하기는 불가능한 일이다.

사과를 맛있는 간식이 아니라 선점의 대상으로 인식하는 우리 집 아이들의 사고방식을 심리적으로 해석할 때 더 명확히 이해할 수 있는 것처럼, 이제는 위기에 처한 표준 마케팅에 종말을 고하고 새로운 마케팅의 패러다임을 받아들여야 할 때가 되었다. '야생 마케팅'은 '표준 마케팅'의 적절한 대안이다.

만약 표준 마케터가 프랭클린 플래너의 팔리지 않는 문제를 진단한다면 그들은 어떤 해결책을 내놓을까? 사전 조사 단계에서 기능성이 더 강화된 프랭클린 플래너를 싫다고 말할 고객은 거의 없다. 이런 정보를 통해 표준 마케터들은 몰스킨을 원하는 고객의 심리적 이면을 보지 못하고 여전히 상품의 기능성에서 해결책을 찾아 더 좋은 기능성을 갖춘 프랭클린 플래너를 만들어낸다. 하지만 고객은 여전히 그들의 신상품을 외면하고 신상품이 쌓인 재고 더미를 보며 그들은 불평한다.

"이렇게 좋은 상품을 고객은 왜 구매하지 않을까?"

이제부터는 고객을 이성과 이기심으로 재단하는 표준 마케터의 시각이 아니라 고객을 인간 본성으로 이해하는 야생 마케터의 시각으로 고객을 본다는 것이 무엇을 의미하는지 살펴보겠다.

고객은 이성으로 분석하여
상상력으로 구매한다

약 10년 전 일이다. 오랜 기간 대학병원에서 수련을 마치고 30대 중반에 드디어 자신의 병원을 개원한 친구 윤 원장은 마음고생이 심했는지 흰 머리카락이 많았다. 의사라는 안정적인 직업을 가졌지만 개원 초창기에는 여러 가지 어려움이 많기 때문이었다. 고가의 의료장비와 높은 부동산 임대료 그리고 만만치 않은 인테리어 비용을 투자하였고 자금의 대부분은 리스나 채무를 통해 조달하였으니 아무리 실력 있는 의사라도 긴장하기 마련이었다.

친구들은 윤 원장에게 염색 좀 하라고 놀렸지만 윤 원장은 절대 염색

야 생 의

고 객

하지 않겠다고 했는데 그 이유가 좀 재미있었다.

"흰 머리카락이 치료에는 도움이 되지 않겠지만 환자에게는 신뢰감을 주지."

대학병원에서 충분히 경험을 쌓았지만 나이가 많은 동네 환자들에게 30대 중반의 의사는 애송이로 보일 수 있었다. 그런데 흰 머리카락이 윤 원장을 적게는 세 살에서 많게는 일곱 살까지 나이 들어 보이게 했다. 윤 원장 입장에서는 염색할 이유가 없었던 것이다.

한 조사에 의하면 일반적으로 환자가 전문가를 인식하는 가장 중요한 것 중 하나는 고작 흰색 가운 같은 전문 복장과 명찰이었다. 환자가 의료 서비스를 구매하는 입장에서 의료 서비스의 품질을 판단하기는 매우 어렵다. 의료 지식이 없는 환자는 보통 의사의 학벌이나 나이 또는 병원의 규모나 인테리어를 보고 판단하는 게 고작이다. 따라서 노련하고 경험 많은 이미지를 주는 흰 머리카락은 참 좋은 홍보 수단인 것이다. 믿지 못하겠다면 병원에서 겪은 두 번째 이야기를 해보겠다.

아버지는 10년 이상 심장병으로 고생하셨다. 서울대학병원에서 몇 번의 심장 수술을 받은 후 좋아지기는 하였지만 지금은 파킨슨병 초기 증세까지 있어 입원과 퇴원을 반복할 정도로 악화되었다. 병세는 주말과 휴일을 가리지 않고 찾아오기에 주말에는 응급실에도 자주 간다. 서울대 응급실은 서울뿐만 아니라 전국에서 중증 환자들이 찾아오기 때문에 아무리 중병이라도 죽기 직전의 응급환자가 아닌 이상 침대도 내놓을 형편이 안 되어 주말에는 전쟁터와도 같다. 그래도 지금은 몇 년 전보다 시스템이 많이 좋아졌다.

#3

상상력은
모든 것을 결정한다.

_파스칼

어느 주말, 어머니와 함께 아버지를 모시고 급히 응급실에 갔다. 당시 파킨슨병일 수 있다는 초기 소견에 암울하기도 했지만 다행히 친절한 여의사의 진단과 처방 그리고 앞으로 어떻게 대처해야 할지에 대한 자세한 설명으로 조금은 안심할 수 있었다. 진료를 마치고 담당 의사에게 감사의 말을 전하자, 어머니는 불쑥 질문을 하였다.

"근데 의사 선생님은 언제 오시죠?"

으레 나이 많은 남자 의사의 진료만 받아서였는지 경황이 없던 어머니에게 젊은 여의사는 의사로 인식되지 않았던 것이다. 젊은 여의사의 친절하면서도 전문적이고 의학적인 설명이 적어도 어머니에게는 윤 원장의 흰 머리카락만도 못한 신뢰감을 주었던 것 같다.

인간은 이성의 동물이지만 이성으로만 무엇인가를 판단하지 않는다. 상상력은 인간이 판단하는 중요한 도구 중 하나이다. 그래서 블레즈 파스칼Blaise Pascal(1623~1662년)은 "상상력은 모든 것을 결정한다Imagination decides everything"고 말한다. 파스칼은 인간이 검사나 판사의 전문성이나 권위를 이성적 이해를 통해 판단하는 것이 아니라 권위적인 복장을 보고 상상력을 통해 직관적으로 판단한다고 해석한다.

상상력은 인간 오류의 원인 중 하나이지만 인간이 가진 위대함의 근원이기도 하다. 행복, 아름다움, 사랑…… 이런 것들은 이성으로 경험할 수 있는 것이 아니라 상상력으로 경험되고 성취될 수 있다. 상상력이 없다면 위대한 시, 소설, 영화는 존재할 수 없다. 철학자 강신주 박사는 사진을 통해 우리의 감정과 상상력의 중요성을 이야기한다.

우리가 언제 스마트폰으로 사진을 찍을까요? 마음이 움직일 때, 감정이 동할 때만 우리는 사진을 찍습니다. 멋진 광경을 볼 때, 너무 예쁜 커플을 봤을 때 등등 어떻든 간에 감정이 움직여야 사진을 찍게 됩니다. _ 강신주, 《감정수업》, 민음사, 2013년

인간은 감정이 올라오고 감정을 통해 상상력이 구체화되면 행동에 옮긴다. 감정이나 상상력이 없다면 개인 용도로 쓰이는 카메라와 같은 상품은 필요가 없고 사실상 구매는 일어나지 않는다. 신은 인간에게 분석하고 판단할 이성이라는 도구를 주었지만 인간은 마지막 선택을 할 때는 상상력을 활용한다.

결혼 상대자를 찾는 여인은 이성을 통해 자신의 조건에 맞는 남성 후보를 선택할 수 있다. 여인은 결혼정보회사나 지인의 추천으로 성격, 학력, 직업, 취미, 개성, 집안 등등을 따져가며 남성을 만난다. 이 여인이 자신이 만난 남성 후보 중 한 사람을 최종 선택한다면 여전히 남성의 조건을 따져가며 이성을 활용할까? 이 여인은 행복한 인생을 꿈꾸게 해줄 남성과 결혼할 것이다. 즉, 남녀 사이에 독특한 사랑의 감정이 싹트고 이를 통해 행복한 미래를 상상할 수 있어야 한다는 말이다. 여성은 이성을 활용하여 남성 후보군을 고를 수 있지만, 최종 선택은 이성이 아닌 상상력이나 감정에 의해 내린다.

시장에서의 고객은 이성을 넘어서는 다양한 사고를 하지만 지금 우리의 길들여진 고객관은 지나치게 이성에만 의존하는 안이한 수준에 머물러 있다. 다시 말해, 지나치게 이성에만 의존하는 표준 경제학의 틀과 눈

으로 다른 사고의 틀을 배제시킨다. 그렇기 때문에 기업은, 고객이 인간으로서 과연 어떻게 사고할까라는 탐구를 통해 지극히 상식적이고 균형 잡힌 사고방식의 틀을 찾아야 한다.

고객은 왜 길들여지지 않는 원시적인 야생의 사고를 하는가?

현대 문명에 살고 있는 사람들은 상식에 맞지 않는 이상한 신앙이나 관습을 목격할 때, 그것을 고대적 사고의 흔적 또는 그 잔재로 치부해버리곤 한다. 하지만 우리가 원시적이라고 생각하는 그런 사고 형태들은 여전히 우리들 사이에 존재하며 생생하게 살아 있다. 우리 주변에는 그런 원시적인 사고방식이 자유롭게 표출되도록 하는 일이 흔히 일어나는데, 그러한 사고방식은 과학임을 자처하는 다른 길들여진 사고 유형과 공존하고 있으며, 바로 그러한 이유로 양자는 동시대적이라고 할 수 있다. _보리스 와이즈먼 외,《레비스트로스》, 김영사, 2008년

흔히들 현대인은 이성적으로 사고하고 서양의 관점에서 문화적으로 뒤처졌다고 보이는 아프리카 오지의 원주민들은 원시의 사고를 한다고 여긴다. 그러나 인류학자 레비-스트로스는, 야생의 사고를 통해 인류의 문화와 사고는 차이만이 있을 뿐 각기 동일하게 논리적이라는 사실을 입증하였다. 인간이 과거에 원시적인 사고를 사용한 것처럼 현대인도 이성의 사고뿐만 아니라 원시적인 사고를 한다는 것이다. 마치 서양인들이 서

구화된 인간들은 이성의 사고를 하고 비서구화된 인간들은 야생의 사고를 한다고 구분 지었던 것처럼, 지금 기업은 고객이 이성의 사고만을 한다고 단정하는 것은 아닐까?

표준 경제학의 주장처럼 '고객이 구매를 결정할 때 한두 개의 제한적 사고로 판단한다'는 가정은 옳지 않다. 고객은 자신이 처한 가정, 계급, 종교, 교육 수준, 문화에 따라 이성과 함께 상상력, 갈망, 무의식 등 다양한 사고를 한다. 고객의 길들여지지 않는 다양한 원시적 사고가 야생의 사고이다. 인간이 자기가 처한 상황에 따라 독특한 사고의 유형을 갖는 것처럼 각 세분 시장은 그 시장을 지배하는 독특한 사고의 유형이 있고 기업은 무엇보다 이를 이해해야 한다.

할인 마트에서 매일우유나 남양우유가 아니라 늘 1962년도에 설립된 50년 역사의 서울우유를 구매하는 40대 주부 조미영 씨(가명)는 서울우유를 어렸을 적 집으로 배달된 따뜻한 이미지로 기억하고 있다. 이런 기억을 활용하여 서울우유는 과거 기억 속 둥근 유리병 형상의 플라스틱 병을 부활시켰다.* 둥근 원형의 유리병은 고객의 우유에 대한 좋은 인식을 불러오게 하는 효과적 매개체이다. 복고 마케팅의 유행을 따르는 것이 아니라 인간의 좋았던 기억을 건드려 구매를 유도하는 고도의 심리전이다.

찜질방에 가면 아직도 나는 어릴 적에 아버지가 목욕탕에서 사주셨던

---

* 현재 우유를 담는 용기는 사각 종이팩이지만 1970년대에는 둥근 원형 유리병이 우유의 주된 용기였다.

고객이 가진 기억의 원형을 활용한 플라스틱 디자인 우유병은 고객의 과거 기억을 떠올리는 강력한 수단이다.

항아리 모양의 빙그레 바나나우유를 아들에게 사준다. 아들도 먼 훗날 기억에서 비롯된 구매 심리로 아들의 아들에게 나와 같은 행동을 할 것이다.

빨간색 스포츠카를 사는 남성은 자신의 차를 부러운 눈으로 바라보는 시선을 상상한다. 족집게 토익 학원을 선택하는 취업 준비생은 영어를 배우기 위해서가 아니라 대기업 취업을 갈망한다. 결혼정보회사에 가입한 변호사 홍길동 씨는 자신의 계급에 맞는 사람이 자신이 사랑하는 사람이라 믿는다. 고객이 가진 다양한 야생의 사고를 기업이 이해하는 것은 상품 기획, 사업 기획, 디자인, R&D는 물론 모든 마케팅의 시작이다.

고객은 종종
이타적이다

이기심은 이성과 함께 표준 경제학이 설정한 고객의 두 가지 사고방식이다. 세 명의 자녀를 둔 우리 가족이 마트에 가서 늘 구매하는 품목 중 하나가 우유다. 일주일에 약 5리터의 우유(많이 마실 때는 일주일에 9리터 정도까지도 마셨다)를 구매하는 데 간단한 선택 기준이 있다. 아이들이 먹는 우유이다 보니 믿을 수 있는 품질인 '1A등급' 우유를 선택하고 그중 가장 저렴한 제품을 고른다. 특히 양이 많아 상대적으로 저렴한 작은 우유가 붙어 있는 행사 상품을 많이 찾는다. 운 좋은 날엔 간혹 1+1 상품을 고르는 횡재를 하기도 한다.

그런데 어느 날 저렴한 행사 상품의 우유를 보고도 선뜻 고르지 못하는 일이 벌어졌다. 그 제품이 2013년 이른바 '갑'의 우월적 지위를 활용해 '을'에게 부당한 요구를 하여 사회적으로 비판 받은 N사의 제품이었기 때문이다. N사의 제품을 구매한다고 윤리적으로 문제가 되거나 손가락질을 받는 것은 아니고 내가 사지 않는다고 N사에 무슨 큰 손해를 입히는 것도 아니었다. 사실 표준 경제학의 입장에서는 고객으로서 '이기심'을 활용해 N사의 제품을 사는 것은 아주 자연스런 현상이다. 그러나 나라는 고객은 약간의 손해를 감수하고서라도 소심한 복수에 동참하고 싶어졌다. 며칠 후 점심시간에 N사 제품의 구매 이야기를 동료들과 나누었다. 다른 고객들도 나와 같은 행동을 하는지 알고 싶었기 때문이다.

"저는 N사 제품이 진열되어 있으면 다른 제품 뒤에 넣어서 안 보이도록 해요. N사 제품 절대 사면 안 돼요. 그런 기업은 퇴출시켜야 한다니까요."

평소 수더분한 성품이었던 홍제 씨(가명)는 마치 자신이 갑을관계 피해 대상자인 N사 대리점주의 가족인 양 흥분하였다. 홍제 씨 같은 고객의 행동을 보면 고객은 언제나 이기적이지 않다는 생각이 든다. 야생의 고객은 구매할 때 마더 테레사와 같은 이타적 행동을 하진 않더라도 종종 이기심을 포기하거나 불편함을 감수하면서 이타적 소비를 하는 행태를 보이기도 한다.

커피를 재배하는 제3세계 농민을 돕기 위해 적정 가격을 지불하는 공정거래에 관심을 갖는 고객이 많아지는 것도 같은 현상이다. '공정'이란 단어는 윤리 수준을 나타내는 반면 품질이나 경제적 가치에 대한 수준을 표현하지 않지만 고객은 공정 무역 커피라는 비싼 커피에 기꺼이 값을 지불한다. 이타심을 보이는 홍제 씨를 애덤 스미스가 본다면 고장 난 계산기라 생각할 것 같다. 야생의 고객은 때론 이기적으로, 때론 이타적으로도 구매한다.

파스칼,
벤츠는 고급차가 아니다

—

　이 책에는 저명한 경영 전략가, 마케터 또는 경제학자 못지않게 많은 철학자들이 등장하는데 그 이유는 기획의도에 있다. 서두에서 밝힌 것처럼 이 책의 목적은 고객 니즈에 대한 직접적인 정보보다 '고객은 누구인가' '인간은 누구인가'를 밝혀내는 데에 있다.

　저명한 전략가나 마케터를 통해서 '고객은 누구인가'를 알아내는 데는 한계가 있었다. 그들의 주된 관심은 안타깝게도 '고객은 누구인가?'라기보다 '고객 니즈'에 국한되어 있기 때문이다. 반면 철학자들은 수천 년 전부터 '인간은 누구인가?'라는 하나의 질문에 답하기 위해 노력해왔다고 말해도 과언이 아니다. 고객도 인간이라는 사실을 감안하면 우리는 저명한 경영학자나 기업가보다는 철학자에게 더 배울 것이 많다고 생각한다.

　이런 관점에서 파스칼의 인간에 대한 해석은 오늘날 기업이 알아야 할 중요한 사실 중 하나이다. 그는 저명한 수학자이자 물리학자였지만 애덤 스미스와는 달리 인간을 숫자를 셈하는 이성에 민감하기보다 상상력에 의존한다고 해석하였다.

　아마도 애덤 스미스는 독일산 메르세데스 벤츠를 구매하는 고객을 자동차 품질에 민감한 기업의 사장이라고 생각할 것이다. 반면 파스칼은 '독일산 메르세데스 벤츠 정도는 타야 남들이 사장이라고 생각하겠지'라는 판단하에 고객이 구매한다고 해석할 것이다.

　결론적으로 기업가로서 애덤 스미스는 메르세데스 벤츠를 고급 자동차로 인식하는 반면 파스칼은 사장에 어울리는 차로 인식한다. 파스칼은, 인간은 이성이 아닌 상상력을 활용해 결정한다고 생각한다. 따라서 기업가로서 애덤 스미스는 자동차의 성능이나 품질을 높이는 일에 주력할 것이고 파스칼은 단순히 품질뿐만 아니라 사장의 품위를 보여주는 가치를 높이기 위해 노력할 것이다.

◀≑ 파스칼의 질문

당신은 기업가로서 당신의 제품을 애덤 스미스와 같은 기능적 관점에서 인식하는가? 아니면 파스칼처럼 제품이 전달하는 가치를 중심으로 인식하고 있는가? 만약 파스칼이 당신의 기업에 조언을 한다면 어떤 말을 하겠는가?

하루에 끝내는 문제 해결 여행 1
브레인 맵핑Brain Mapping

—

'무엇을 학습한다고 아는 것이 아니고, 무엇을 안다고 무언가를 실행할 수 있는 것은 아니다'라는 사실을 수년간 교육을 하면서 깨달았다. 직장인이 책을 읽는 최종 목적은 책을 읽은 개인이 무엇인가 아는 것을 넘어서 실행하는 것이며 나아가 개인의 실행을 넘어 개인이 속한 팀과 기업 전체가 무언가를 실행하기 위한 것이다.

'하루에 끝내는 문제 해결 여행'은 이 책을 통해 학습한 지식을 개인 차원을 넘어 팀과 조직 전체가 작은 것 하나라도 실행할 수 있도록 돕기 위한 워크숍 가이드이다. 워크숍은 책에서 배운 지식을 실습하고 실행할 수 있는 가장 좋은 방법 중 하나이다. 이 책의 내용에 공감했으면 용기를 내서 동료와 리더에게 알리고 함께 실습하기 바란다. 또한 리더는 과감하게 조직 전체에 워크숍을 제안해도 좋다. 워크숍 실습은 시간을 내기 어려운 기업 현실을 감안하여 하루에 마칠 수 있도록 만들었다. 현장에서 검증된 워크숍 가이드는 내가 만난 야생의 고객을 당신과 당신의 조직이 직접 만나기 위한 첫 번째 도약일 것이다.

브레인 메모리 맵핑Brain memory mapping 또는 브레인 맵핑Brain map-
ping은 야생의 고객 머릿속에 상품에 대한 인식이 어떻게 저장되어 있으
며 구매에 어떤 영향력을 미치는지 알아내는 고객 조사 방법론이다.

도시락 사례에서 살펴본 것과 같이, 도시락과 관련된 고객의 기억 속에
는 공통적으로 어머니라는 인식이 있다. 고객의 머릿속에 도시락은 어머
니, 영양이나 사랑이라는 키워드와 연결되어 저장되어 있다는 말이다. 이
는 일종의 각 세분 시장에서 야생의 고객이 가진 '집단 무의식'을 밝혀내
는 것과 같다. 고객이나 고객 집단이 무의식적으로 갖고 있는 기준을 찾
는 것이다.

'브레인 맵핑'은 다음의 문제를 해결하는 데 유용하다.

• 고객 중심으로 상품 기획, 마케팅, 홍보를 하기 위한 새로운 컨셉이나 아이
  디어가 필요할 때
• 기업이 속한 시장을 지배하는 야생의 사고는 무엇인지 알고 싶을 때
• 기업이 속한 시장의 고객은 본질적으로 어떤 니즈에 의해 상품을 구매하는
  지 알고 싶을 때

고객의 뇌 속 지도를 활용하여 집단 무의식을 찾으면 신상품 기획뿐만
아니라 교육 기획, 인사 기획, 사업 기획 등 상품과 서비스의 이름을 만들
거나 간단한 카피를 작성하고 디자인 컨셉을 잡는 것은 물론 고객과 관
련된 모든 사업 기획에 도움이 된다.

예를 들어 화장품은 어떤 형태로든 '변신'과 관련되어 있다. 여성 고객들에게 화장품을 처음 사용한 경험을 물어보면 그들은 보통 10대 초반에 자신만의 은밀한 공간에서 몰래 화장했다고 이야기한다. 그들의 첫 화장품 사용 이유는 '변신'이다. 10대들이 처음 화장을 경험할 때 그들은 현재 자신의 모습과는 다른 모습을 꿈꾼다. 화상품을 처음 사용하면서 '피부가 더 좋아지겠지'라고 생각하는 10대 소녀는 없다. 그보다는 화장을 하고 난 이후 다른 사람으로 변신하는 것을 기대한다. 따라서 화장품 시장에서 상품이 변신과 관련이 없으면 좋은 아이디어가 되기 힘들다.

이런 아이디어는 어떻게 찾을까? 집단 무의식은 10~15명이 모여 4시간 내외의 워크숍을 진행하면 쉽게 찾을 수 있다. 방법은 간단하다.

첫째, 두 개의 질문을 하고 서로의 경험을 구체적으로 이야기한다.

"최초의 사용 경험을 이야기해주세요."

"최고의 사용 경험을 이야기해주세요."

사람들은 대부분 최초의 사용 경험을 기억하고 있으며 이는 평생 자신의 의사선택에 영향을 미친다. 최고의 경험은 말할 것도 없다. 최초와 최고의 경험을 통해 사람들의 머릿속에 각인된 인식을 발견하고 그들의 무의식적인 행동을 끌어내는 무의식의 키워드를 찾을 수 있다.

둘째, 에피소드를 구체적으로 이야기하게 하고 이야기에 등장하는 중복된 소재에 주목한다.

참석한 사람들이 이야기하는 내용 중에 중복되는 소재가 있으면 이런 소재는 실제로 상품 기획이나 마케팅을 실행하는 데 좋은 아이디어가 된다. 언제, 어디서, 무엇을, 어떻게, 누구와, 왜 그런 경험을 했는지 이야기

브레인 맵핑 반나절 워크숍 스케줄

순서	소요 시간(분)	내용
1부 아이스 브레이킹과 도입	20	'2. 시장이 만난 인간, 야생의 고객'을 같이 읽거나 인도자가 중요 부분을 발췌하여 집단 무의식에 대해 공유한다.
2부 최초 & 최고 경험 이야기	100	각 개인은 상품과 관련된 최초, 최고 경험을 준비된 종이에 상세하게 적고 이를 구체적인 에피소드를 통해 공유한다. 중요한 것은 제품 사용과 관련된 에피소드이다. 인도자는 어떤 경험을 하였는지 구체적으로 이야기할 수 있도록 돕는다.
3부 피드백 토론으로 상징 도출	90	포스트잇에 중요 키워드를 모두 적어 벽에 붙여놓고 공통적으로 나온 단어를 중심으로 토론해서 집단 무의식을 구체적으로 밝혀낸다.

형식으로 말하게 해야 한다.

예를 들어 다음은 40대로 예상되는 한 여성 고객이 블로그에 서울우유에 대해 써놓은 글이다.

뭐, 솔직히 말해서 지금 우유병 따위는 눈에 전혀 들어오지도 않지만 서럽게 울던 기억이 너무 너무 생생하게 나서 사진만 봐도 가슴이 벌렁거린다. 우리 엄니는 왜 한 병을 안 사주셨는지……, 병 주둥이에 입을 처박고 고개를 젖히며 들이켜는 동년배의 웃음 섞인 눈빛에 왜 그리 주눅이 들었는지…….

이 고객의 무의식에 있는 우유는 단순한 '건강 음료'가 아니라 '갈망의

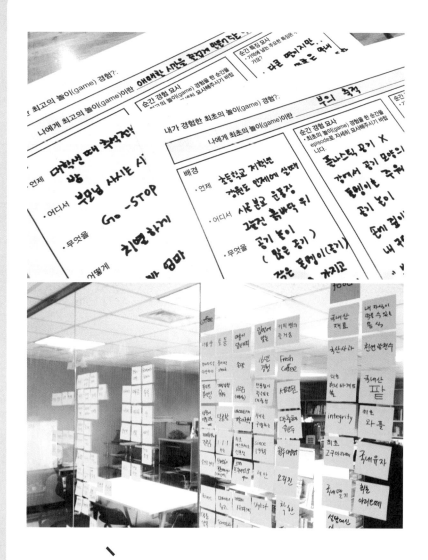

개인이 갖고 있는 머릿속 기억을 적은 브레인 맵핑 시트와 포스트잇을
활용한 집단 무의식 상징 찾기.

음료'이다. 이는 경제적으로 풍족하지 못했던 유년 시절을 보낸 지금의 40대 이상 고객에게서 흔히 발견할 수 있는 키워드이다. 그리고 갈망의 우유는 사각 우유팩보다는 당시 우유를 담아낸 유리로 만들어진 원형 우유병에 잘 투사된다. 즉, 이 고객에게 우유를 우유팩에 담아내면 단순한 음료로 인식되지만 원형 우유병에 담아내면 갈망으로 인식될 수 있다는 말이다.

워크숍 인도자는 고객 인식의 상징인 소재(증거)를 잘 찾아야 한다. 우유 시장에서는 원형 우유병이 갈망의 상징이다. 화장품 시장에서의 변신은 은밀한 공간과 연관되어 있다. 누가 보지 못하게 몰래 화장하는 10대의 방은 주요한 상징 중 하나이다. 그래서 피부 보호보다 변화에 역점을 둔 색조화장품 브랜드는 이런 은밀함을 상징하는 공간이나 소재를 많이 활용한다.

이런 상징들을 이용하면 고객을 설득하기 쉽다. 무의식에 이미 내장돼 있어 논리적으로 설명할 필요가 없기 때문이다. 전쟁으로 치면 기업은 일종의 무의식적 심리전을 활용하는 것이다. 상징화된 아이디어가 시각적으로 잘 구현되거나 익숙한 카피로 표현되면 성공 확률이 꽤 높다. 반면이런 상징을 무시하면 기업은 고객을 무의식적으로 쉽게 설득할 수 있는 문제를 의식적으로 어렵게 설득해야 하는 위험을 감수해야 한다.

마지막으로 상상을 활용하여 간단히 상품의 이름이나 슬로건을 만들수 있고 신상품의 컨셉으로 삼을 수도 있다. 브레인 맵핑을 통해 당신과 팀은 고객이 주요하게 생각하는 구매 기준을 찾을 수 있다. 또한 이야기하다 나오는 상징을 활용해 상품과 서비스를 창출하면 야생의 고객에게

원활한 워크숍을 돕는 이미지 카드와 자신의 상품 경험을 이미지 카드
로 설명하는 참석자.

무의식적으로 호감을 줄 수 있으므로 효과적인 방법이다.

62쪽 맨 위 왼쪽 사진은 브레인 맵핑 워크숍에서 참석자가 무의식적으로 '게임'에 대해 인식하고 있는 내용을 작성한 시트이다. 브레인 맵핑 워크숍을 해보면 게임을 단순히 재미로 한다는 기존의 생각은 여지없이 무너진다. 당신도 브레인 맵핑을 통해 당신의 시장에서 가졌던 기존 통념과는 다른 생각을 하기를 바란다.

한 참석자는 강원도에서 자랐는데, 강원도에서는 조약돌로 공기놀이를 했다. 그 게임의 룰은 한 판을 이긴 사람이 조약돌을 모두 가져가는 것이었다. 아이들은 게임을 위해 준비한 작은 조약돌을 일종의 자산으로 여겼는데, 강원도에서 자란 J씨는 그래서 이 게임을 일종의 '보상'이나 '부의 축적'으로 인식하고 있었다.

마지막으로 포스트잇에 워크숍에서 나온 주요 키워드를 모두 적어놓고 이를 활용해 상징을 찾아가면 된다.

워크숍 중 에피소드를 말로 설명하는 것도 좋지만 이미지 카드를 활용하면 색다른 효과를 낼 수 있다. 이미지 카드를 잘 활용하면 고객이 원하는 것을 더 구체적으로 이해할 수 있을 뿐만 아니라 나아가 설득력 있는 상품 디자인을 구현할 수 있다.

2장에서 기억할 것

―

의사의 흰 머리카락이 전문적 소견보다 환자에게 더 전문성과 신뢰감을 주는 이유는 상상력이 고객의 구매 의사결정을 위한 중요한 수단이기 때문이다. 이는 일반 구매 활동에도 똑같이 적용된다.

서울우유가 유리병 모양의 우유병을 부활시킨 것은 단순히 복고 마케팅을 시도한 것이 아니다. 고객의 마음 깊은 곳에 자리한 추억과 따뜻함을 불러와 이성적 판단보다도 선택의 우위에 서게 한 것이다. 고도의 심리전술이다. 이는 고객이 길들여진 이성적 사고의 틀을 넘어 상상력, 과거의 기억, 갈망, 타인의 시선 등 다양한 사고방식을 통하여 구매한다는 것을 보여준다. 예를 들어 빨강색 스포츠카를 사는 남성은 자신의 차를 부러운 눈으로 바라보는 시선을 상상하고, 족집게 토익 학원을 선택하는 취업 준비생은 대기업에 취직될 것을 상상한다.

인류학자 레비-스트로스는 야생의 사고를 통해 인류의 문화와 사고는 차이가 있을 뿐 각자의 방식으로 동일하게 논리적이란 사실을 입증하였다. 마치 과거 서양인들이 서구화된 인간들은 이성의 사고를 하고 비서구화된 인간들은 야생의 사고를 한다고 구분 지었던 것처럼 현재의 기업들도 도시에 사는 고객은 이성의 사고만을 한다고 단정하는 것은 아닐까? 우리는 새로운 고객관으로 고객을 이해해야만 기업을 운영할 때 표준 경제학의 틀로 이해하지 못한 야생의 고객과 만날 수 있다.

3장에서는 표준 경제학의 위험성을 알아보고 실제 시장에서 야생의 기업가는 어떤 기업 운영 원칙을 갖고 있는지 살펴보자.

3

표준 경제학의 위험과
이를 넘어선 기업가 정신

사망 보상금은 단순히 수리비보다 더 큰 비용이 아니다

표준 경제학과는 달리 야생 경제학이 인식하는 고객은 독특한 사고방식을 가진 인간이다. 고객에 대한 인식이 다르기 때문에 이는 기업 운영 방식에도 상당한 영향을 미친다. 예를 들어 표준 경제학에서의 기업과 고객은 일종의 계약관계로 기업이 고객에게 실수를 하면 기업은 경제적으로 보상하면 그만이다. 기업은 이런 계약을 당연하게 여기지만 정작 현실에서 고객은 그런 계약관계를 인정하지 않는 사고방식을 보인다. 이성에 길들여진 표준 경제학의 사고에 익숙한 기업은 이런 사실을 종종 이해하지 못하여 스스로 위험에 빠진다. 이를 단적으로 보여준 사례가 미국 자동차 기업인 포드Ford의 차량 핀토Pinto이다.

1970년대 핀토는 매끈하게 빠진 스타일과 효율 좋은 엔진, 합리적 가격으로 인기 있는 소형차였다. 하지만 치명적 결함이 있었다. 설계상의 실수로 자동차 뒤쪽 트렁크 밑에 있는 연료탱크를 보호하는 지지 구조물이 없었는데, 뒤에서 시속 20마일(시속 32킬로미터 정도) 이상으로 핀토를 들이받는 추돌사고가 발생할 경우, 연료탱크가 밀려들어가 폭발할 가능성이 컸다. 결국 이런 사고로 500명 이상이 사망하였고 화상을 입은 사람들은 이보다 훨씬 더 많았다.

사고로 인한 부상자들은 설계 결함을 문제 삼아 고소했고, 이 소송 과정에서 포드도 이미 예전부터 결함을 알고 있었다는 사실이 드러났다. 포드는 핀토의 연료탱크 결함을 알았을 때 연료탱크를 보호해 폭발을 막는 장치를 부착하는 것이 가치(수익 측면에서)가 있는지 알아보는 분석을 실시했다. 분석 결과 안전을 확보해줄 부품을 부착하는 데 드는 비용은 한 대당 11달러였다. 1,250만 대의 승용차와 트럭에 11달러짜리 부품을 달 경우 총 1억 3,700만 달러가 드는 셈이었다. 반면 결함을 보완하지 않고 차량 사고가 났을 경우 물어야 할 배상금이나 사고 처리 비용을 계산한 결과 4,950만 달러가 나왔다. 사망자에게 20만 달러, 부상자에게 6만 7,000달러, 파손된 자동차 한 대당 수리비 700달러로 계산했던 것이다. 사람 목숨을 숫자로 본 사고방식이 경악스럽다.

포드는 연료탱크의 안전성을 높이는 것보다 하지 않는 것이 손익 측면에서 낫다고 결론 내렸던 것이다. 이러한 사실에 분노한 배심원은 막대한 위자료 지급을 결정했고, 포드는 원고에게 손해배상금 250만 달러, 징벌적 손해 배상금으로 1억 2,500만 달러를 지급해야 했다. 또한 이처럼 무책임한 의사결정을 한 포드가 입은 이미지 손상은 엄청났다.

이 이야기는 하버드대학교 마이클 샌델 교수의 '정의란 무엇인가?'라는 강의에 나오는 사례이다. 나의 관심사는 '왜 포드의 경영진은 이런 비윤리적인 의사결정을 했을까?'라는 것이었다. 돈에 눈이 먼, 윤리의식 없는 경영자여서 그랬을까? 그럴 수도 있다. 그러나 이런 중대한 사실은 최소한 1~2명이 아닌 수십 명의 포드 내부인이 알고 있었을 텐데 그들 모두 윤리의식이 없었다고 말하기에는 설명이 부족하다.

오히려 포드의 경영진이 고객을 인간으로 생각하지 못하여 이런 결과가 나타났다고 설명하는 것이 타당해 보인다. 예를 들어 미국 범죄 수사 드라마 〈CSI〉에서는 게임 중독자가 게임상에서 아무런 생각 없이 살인을 하는 것처럼 현실에서도 죄의식 없이 살인을 저지르는 사건이 등장한다. 게임하듯 현실에서 살인했기에 죄의식조차 없었던 게임 중독자처럼, 고객을 대면하지 않고 사업을 한 포드의 경영진에게 사망 보상금은 절대 발생해서는 안 될 비용이 아니라 단지 조금 더 비싼 비용으로 인식되는 것이 당연하다.

비즈니스를 하면서 이런 이야기를 자주 듣는다.

숫자는 정직하다.
숫자는 진실을 말한다.
숫자는 사실을 말한다.

숫자는 정직과 진실을 표현하는 사실이 아니라 기호일 뿐이다. 숫자는 숫자만을 말한다. 놀이공원에서 즐겁게 시간을 보낸 가족이나 연인의 기쁨을 어떻게 숫자로만 표현할 수 있겠는가? 마찬가지로 기업의 잘못으로 가족을 잃은 슬픔과 절망감을 어떻게 숫자로 표현할 수 있겠는가? 그러나 포드의 경영진에게 고객은 인간이 아닌 통계로 존재하는 숫자였다. 자동차 수리비를 숫자에 대응시키듯 포드는 '사람 목숨=20만 달러'라는 공식에 대입하는 어처구니없는 실수를 저질렀다.

고객을 인간이 아닌 수요를 창출하는 주체나 매개체로 인식하기에 표준 경제학에서 자동차 수리비와 사망 위로금은 비용이라는 동일한 회계 계정 항목에 존재한다. 그러나 인간으로서의 고객은 자동차 수리 비용을 머리로 인식하는 반면 사망 위로금은 가슴으로 인식한다. 인간으로서의

표준 경제학은 고객이 손에 쥔 티켓을,
야생 경제학은 영화를 기대하는 마음을 주목한다.

야 생 의

고 객

고객에게 두 항목은 비교조차 할 수 없는 것이다.

이런 일은 미국에서만이 아니라 한국에서도 벌어지고 있음을 우리는 2014년 세월호 사건을 통해 체험하였다. 대한민국에서 일어난 가장 슬픈 사고 중 하나인 세월호 사고를 통해, 우리는 세월호의 경영자들이 비용을 줄여 이익을 낼 수 있다면 설사 사람 목숨이 희생될 수 있는 무책임한 처사라도 그것을 관행적으로 무심하게 실행해왔음을 보았다. 표준 경제학으로 길들여진 고객은 합리적으로 계산된 사망 보상금을 받고 끝내겠지만 야생의 고객은 이런 경영 방식에 분노하고 기업은 위험에 빠질 뿐만 아니라 존재 자체를 위협받는다.

표준 경제학으로 길들여진 기업의 경영자에게 이익과 성장 이외의 모든 것은 사람의 목숨일지라도 장애물로 여겨진다. 그들에게 윤리적으로 올바른 행동을 요구하는 것은 기업 안의 체계에 대한 요구가 아니라 개인의 양심에 대한 요구이기에 기업이 체계적으로 윤리적 행동을 할 것이라고 기대하기는 어렵다. 표준 경제학에서는 기업이 윤리적으로 행동하거나 진정으로 고객을 위하는 것은 의무가 아니라 선택이기 때문이다. 표준 경제학의 이성에 길들여진 기업관으로는 야생의 고객을 진정으로 이해할 수도, 그들의 필요를 채워줄 수도 없다.

배를 탄 고객은 가슴 벅찬 여행을 꿈꾸며 승선하지만 배를 운영하는 기업은 고객의 가슴 벅찬 마음을 보기보다 그들이 손에 쥔 티켓의 수량과 등급을 주시할 뿐이다. 야생 경제학은 기업의 경영자가 티켓만을 바라보게 하는 표준 경제학의 시각에서 벗어나 고객의 마음을 볼 줄 아는 시각을 갖추게 해준다.

고객을 야생의 사고를 하는 인간 본성으로 이해하는 기업 경영이란 무엇일까? 어떤 일의 본질을 알기 위해 목적을 살펴보는 일은 효과적인 방법이다. 마찬가지로 기업 경영도 제대로 알기 위해서는 기업 경영의 목적을 살펴보는 것이 중요하다. 표준 경제학의 기업 경영 목적이 이익이라면, 야생 경제학에서의 기업 경영 목적은 무엇일까?

기업의 목적이 이윤이라면
이윤의 목적은 무엇인가?

오늘날 기업이 가진 표준 경제학의 틀은 사실상 인간을 위해 무엇이 좋은가의 문제가 아닌 '체계의 성장'●을 위해 만들어졌다. 기업의 매출 목표는 늘 성장해야 하며 그렇지 않으면 기업은 물론 주주와 종업원 모두 고통받을 수밖에 없다. 표준 경제학은 계속 전진하는 자전거 같아서 뒤로 가는 것은 물론 멈추는 것조차 허락하지 않는다. 식품 기업은 정상적인 경우 배고픈 고객에게 좀 더 많은 식품을 싼 가격에 공급함으로써 고객의 배고픔을 해소할 수 있다. 이것은 성장의 좋은 모습이다. 그러나 고객이 배불러서 잠시 먹는 것을 중단하겠다고 해도 성장이 목적인 식품 사업가들은 무슨 수를 써서라도 고객이 계속 음식을 먹도록 유도해야 한다.

● 에리히 프롬, 《소유냐 존재냐》, 까치글방, 1996년, 20쪽.

표준 경제학이 목표하는 것은 성장이기에 고객의 만족과는 관계가 없다. 성장을 원하는 건강식품 기업가는 고객의 건강을 위해서 고객에게 자신의 상품을 판매하지 않는다. 애덤 스미스의 말처럼 기업가의 이기심과 이윤을 위해 건강식품을 파는 것이다. 그러나 나는 기업의 목적은 성장이나 이윤이라고 자연스레 말하는 표준 경제학의 신봉자들에게 이런 질문을 하고 싶다.

'기업의 목적이 이윤이라면 이윤의 목적은 무엇인가?'

기업이 이윤 없이는 생존할 수 없다는 이유로 기업은 이윤을 위해 만들어졌다는 말은 마치 인간이 먹지 못하면 죽을 운명이기에 먹기 위해 산다는 말처럼 어색하다. 기업을 지속 가능하게 운영하기 위해서는 이윤이 반드시 필요하지만 이윤 자체가 목적이 되기는 어렵다. 그렇다면 기업은 어떤 목적으로 사업을 해야 하는 것일까? 어떻게 기업이 생존하고 건강하게 성장할 수 있도록 이윤을 창출할 수 있을까? 그것은 기업이 존재하는 근본적 질문에서 시작된다.

하나의 초코바는 초코바가 필요한 고객 때문에 존재한다. 기업은 초코바를 만들어 팔기 위해 존재하는 것이 아니라 초코바가 필요한 고객에게 만족스러운 간식을 제공하기 위해 존재한다고 보는 것이 타당하다. 공급을 위한 기업은 존재할 수 없다. 기업의 공급은 오로지 수요를 위해 존재할 수 있다. 기업가는 고객이 수요의 주체가 아닌 초코바를 먹고 싶어 하는 인간으로 인식할 때 비로소 기업의 존재 목적을 명확히 하고 야생의 고객과 함께 지속 가능한 경영을 할 수 있다.

그래서 기업이 사업을 시작할 때 스스로 물어야 할 질문은 '우리는 어

떻게 성장할 것인가?'가 아니라 '우리는 고객을 위해 무엇을 할 수 있는
가?'이다. 고객이 사과를 먹고 싶다면 사과를 생산하고 사과가 질리면 배
를 생산하거나 사과를 가공하여 사과 주스나 사과 파이를 만드는 것이
기업가가 하는 일이다. 기업가가 하는 일의 시작은 바로 고객이 원하는
바를 만족시키는 것이다.

　그러나 기업가가 기업의 성장과 이익을 위해서 기업을 경영하면 인간
으로서의 고객이 이해할 수 없는 기업 활동을 하게 된다. 고객이 사과에
질려 하면 할인을 해서라도 구매하게 만들거나 심지어 빨간 사과에 초록
색 페인트를 칠해 새로운 사과가 나왔다고 속여서라도 이윤을 만들어내
는 것이 기업가의 목표라 착각한다.

　표준 경제학의 논리는, 기업으로 하여금 고객을 이해하게 하는 것이 아
니라 오히려 고객에게서 멀어지게 한다. 경영사상가인 피터 드러커Peter
Ferdinand Drucker는, 이윤은 기업의 목적이 아니라 경영 활동의 결과라고
이야기한다. 이윤은 좋은 경영 활동을 하면 얻게 되는 부산물이라는 뜻이
다. 즉, 기업이 고객을 위해 열심히 일하다 보면 자연스레 이윤이 생기는
것일 뿐 이윤을 목표로 하는 것은 아니라는 주장이다.

　시장에서 내가 만난 다양한 기업가들도 우회적으로 드러커와 같은 증
언을 한다. 예를 들어 기업가들에게는 성공이나 돈에 대해 욕심이 많다는
것 이외에 또 다른 공통점이 하나 있다. 쉽게 말해 돈을 벌기 위해 기업을
운영하는 것 말고도 또 다른 중요한 이유가 있다는 것이다. 그들과 개인
적으로 좀 친해지면 나는 간혹 이렇게 묻곤 한다.

　"당신이 기업을 운영하는 진짜 이유는 무엇입니까?"

또는 이렇게도 묻는다.

"당신의 기업이 존재하는 이유는 무엇입니까?"

어떤 기업가는 좀 머뭇거리다가 20년간 사업을 해오는 동안 그런 질문은 처음 받아보았다며 당황해하기도 하지만 대부분은 잠시 생각에 잠겼다가 가슴속에 담아둔 이야기를 토해낸다.

평소에는 성장과 이익을 외치던 그들은, 이러한 질문에 갑자기 태도를 바꾸어 사업을 하는 진짜 이유는 돈을 많이 벌기 위해서가 아니라고 한다. 어떤 기업가는 사업 초기 업계의 부조리 때문에 억울했는데 그런 관행을 없애고 좋은 시장 생태계를 만들고자 사업을 한다고 했다. 어떤 기업가는 이 업계에는 제대로 된 상품이 하나도 없기 때문에 역사에 획을 그을 만한 상품을 만들고 싶다고 한다. IT 생태계를 바꾼 스티브 잡스 같은 사람이 꼭 미국 캘리포니아에만 있는 것은 아니다. 어떤 기업가는 고생하는 임직원을 위해서라고 말한다. 그들의 이야기는 진실되고 힘이 있어 보인다.

사실 대부분의 기업은 초창기에 이윤을 넘어서는 그들만의 고객 만족 방식이 있었다. 나는 각 기업이 가진 독특한 고객 만족 방식이 기업을 세울 수 있었던 원천이고 기업을 생존하게 하는 힘이라 믿는다. 야생 경제학에서의 기업은 이윤을 넘어 고객에게 무언가를 해주고자 하는 마음으로 고객의 필요를 채워주는 경영을 한다. 그렇다면 기업이 온전히 고객의 필요를 위해 존재한다는 것은 무슨 뜻인지 한 명의 창업가 사례를 통해 구체적으로 살펴보겠다.

내가 먹고 싶은 것이
고객이 먹고 싶은 것이다

1985년 대학을 갓 졸업한 줄리앙Julian은 런던에서 사회생활을 시작했다. 경기침체로 인해 좋은 직장을 얻을 수는 없었지만 세계 문화의 중심지 중 하나인 런던에서 직장생활을 한다는 건 흥미로운 일이었다. 그런데 해결하기 어려운 문제도 있었다. 높은 아파트 임대료와 식비 때문에 줄리앙은 한 달에 한 번 근사한 데이트를 하기도 어려웠다. 한국의 김치찌개처럼 평범한 메뉴인 피시 앤드 칩스fish and chips를 먹는다고 해도 이전보다 최소 3배 이상은 지불해야 할 정도로 식당에서 판매하는 음식 물가가 높았다.

검소한 줄리앙은 종종 도시락을 준비하거나 그렇지 못할 때에는 상대적으로 저렴하고 간편한 음식을 먹었다. 건강에 민감한 줄리앙은 가능하면 패스트푸드를 멀리하고 샌드위치를 선호했다. 하지만 샌드위치를 먹을 때마다 맛도 없고 재료도 신선하지 않다고 생각했다. 물론 일류 레스토랑의 샌드위치는 맛도 좋고 신선했지만 저렴한 샌드위치는 그렇지 못했다.

어느 날 점심시간이 지나 줄리앙은 저녁까지 일하기 위해 배를 채운다는 생각으로 샌드위치를 한 입 베어 물고 씹던 중 문득 무언가가 떠올랐다. 런던에서 맛없는 샌드위치를 먹으며 한탄하는 사람은 나뿐일까? 내가 먹고 싶은 제대로 된 샌드위치를 만들어 사람들에게 팔면 어떨까?

줄리앙은 사업 경험이 없었지만 런던에는 자신처럼 점심에 맛있는 샌드위치를 먹고 싶어 하는 직장인들이 꽤 있을 것이라는 확신에 차, 곧 회사에 사표를 내고 회사 근처 뒷골목에 매장을 오픈했다. 맛 좋고 건강한 샌드위치는 의외로 손쉽게 만들 수 있었다. 솜씨 좋은 어머니가 도와주었고 재료를 공급하는 업체도 지인의 도움을 받아 좋은 샌드위치를 만들어 내는 데 성공했다.

줄리앙은 샌드위치를 만드는 데 나름 엄격한 기준을 세웠다. '내가 먹고 싶도록 맛있게 그리고 나와 내 가족에게 주고 싶은 건강한 재료로 만들자.' 그래서 일반 샌드위치보다 좋은 재료를 사용하였다. 유기농 재료는 아니더라도 화학첨가물이 없는 당일 공급한 신선한 재료를 사용하고 팔다 남은 샌드위치는 절대 다음 날 팔지 않고 버리기로 하였다. 그러나 가격이 문제였다. 좋은 재료를 쓰다 보니 원가가 올라가 자신이 원하던 다소 저렴한 가격에 판매하다가는 적자가 날 판이었다. 결국 최종 가격은 다소 높을 수밖에 없었다.

샌드위치 가게를 오픈하고 한 달이 지난 어느 날, 자신의 마음을 아는지 모르는지 야속한 런던 하늘은 우중충한 평소와는 달리 줄리앙을 놀리듯 따뜻한 햇살을 내리비쳐 주었다. 맛 좋은 샌드위치 때문에 단골이 많이 생겼지만 가게를 유지할 정도로 매출은 오르지 않았다. 줄리앙이 방금 내린 따뜻하고 부드러운 카푸치노는 고민에 빠진 주인의 손길을 기다리며 식어만 갔다. 좋은 날씨, 멋진 커피, 무엇보다도 신선히고 맛 좋은 샌드위치가 있지만 오르지 않는 매출로 줄리앙은 자신이 선택한 일을 즐기지 못했다.

"줄리앙!"

그때 누군가 반갑게 줄리앙의 이름을 불렀다. 대학 시절 룸메이트였던 싱클레어Sinclair가 찾아왔지만 반가움도 잠시, 줄리앙의 얼굴에는 곧 수심이 찾아왔다. 웬 근심이냐는 싱클레어의 질문에 줄리앙은 자신의 사업적 고민을 털어놓았고 경영학을 공부한 싱클레어는 줄리앙을 돕고자 이야기를 하기 시작했다.

　"줄리앙, 네 맘은 알지만 사업은 그런 것이 아니야. 맛 좋고 건강에 좋고 거기다가 저렴하기까지 하다…… 이렇게 해서는 이윤을 남기면서 기업을 운영할 수 없어."

　"정말 안 될까?"

　줄리앙이 안타깝게 물어봤다.

　"전혀 방법이 없는 것은 아니야."

　생각에 잠긴 싱클레어는 조심스럽게 말을 꺼냈다.

　"뭔데?"

　반색하는 줄리앙에게 싱클레어는 나지막하게 이야기했다.

　"뭔가를 포기하면 되지. 가장 중요하지 않은 것을 말이야……"

　한 성격하는 줄리앙을 잘 아는 싱클레어가 조심스럽게 말했다.

　"안 돼, 다 중요하단 말이야."

　줄리앙은 단호했다.

　"재료를 저렴하게 하면 안 될까?"

　싱클레어가 다시 물었지만 줄리앙은 고개를 가로저었다.

　"양을 적게 하면?"

　줄리앙은 입을 꽉 다물고 아니라는 듯 손짓했다.

"음…… 가격을 올리면 어떨까?"

"안 된다니까……."

줄리앙은 여전히 단호했다.

"재료도 포기 못 하고 양도 포기 못 하고 가격도 포기 못 해. 싱클레어, 난 정말 내가 먹고 싶은 것을 사람들에게 주고 싶다니까."

줄리앙의 심정은 이해하지만 싱클레어는 현실적으로 그것이 가능할까 의문스러웠다. 그래도 좋은 친구 사이인 두 청년은 일주일 동안 더 생각해보기로 하고 헤어졌다.

두 청년이 약속한 일주일이 되기 하루 전 싱클레어는 숨을 헐떡이며 뭔가 발견한 듯 의기양양하게 달려왔다.

"줄리앙, 탁자를 포기하면 어때?"

싱클레어는 자신에 차 있었다.

"그게 무슨 말이야?"

탁자라는 말에 줄리앙은 멍한 표정을 지었다.

"탁자가 좀 비싸잖아."

싱클레어는 알 듯 모를 듯한 미소를 짓고 있었다.

"이거 중고로 구매했는데 뭐가 비싸다는 거야."

"탁자 자체가 아니라 탁자 때문에 들어가는 추가 비용이 비싸다는 거지. 잘 들어봐. 탁자를 놓는다는 것은 종업원 한 명이 더 서빙을 해야 하는 거야. 종업원을 한 명 줄이면 그만큼 비용을 줄일 수 있고 고객 입장에서는 팁도 줄일 수 있지."

"나보고 맛도 없고 영양도 없는 싸구려 테이크아웃 샌드위치점과 경쟁하라는 거야? 싱클레어, 난 테이크아웃 샌드위치점과 경쟁하려고 했으면 시작도 안 했어"

줄리앙은 잔뜩 화가 났다.

"줄리앙, 네가 말했잖아. 건강한 재료와 맛 그리고 가격은 포기할 수 없다고. 네가 신경 쓸 대상은 맛 좋은 샌드위치와 만족한 고객이지 경쟁사가 아니잖아. 남들이 테이크아웃 샌드위치점에서 저렴하게 샌드위치를 만들든, 비싸고 고급스럽게 레스토랑에서 샌드위치를 판매하든 무슨 상관이야. 네가 만들고 싶은 좋은 샌드위치를 어떻게든 만들면 되는 것 아닐까?"

이번에는 싱클레어가 오히려 단호했다. 곰곰이 생각해보니 싱클레어의 말이 맞았다. 줄리앙은 좋은 샌드위치를 만들 수만 있다면 어떤 방식으로 만들든 상관없다는 말에 공감했다.

그 이후 줄리앙과 싱클레어는 'ready to eat'라는 프랑스어식 표현인 'Pret A Manger', 간단히 '프렛'이라고 부르는 샌드위치점을 훌륭하게 성공시켰다. 프렛은 승승장구하여 영국, 미국, 프랑스, 중국 등에 300개의 이상의 매장을 가진 글로벌 샌드위치 브랜드로 성장하였다. 줄리앙과 싱클레어가 설립한 프렛의 좋은 샌드위치, 매장 구성, 테이크아웃 전략은 모두 사실이지만, 그 대화 과정은 줄리앙의 열정을 표현해보기 위해 하버드 비즈니스 스쿨 케이스•에 나온 내용을 참고하고 나의 상상력을 발휘하여 새롭게 구성한 것이다.

• Frances X. Frei 외, "Pret A Manger," 〈Harvard Business School Case〉, 2012.

프렛은 안락한 의자를 포기하여 테라스에는 탁자가 있어도
홀 안에서는 탁자를 찾아보기 어렵다

#4

대다수의
경영 전략도구는
설계가 아닌
분석도구이기 때문에
기업 성공의 결과는
설명하지만
원인을
설명하지는 못한다.

_야생의 고객

프렛은 레스토랑 수준의 고급 샌드위치, 슈퍼마켓의 편리함, 테이크아 웃 매장이 접목되어 과거에는 존재하지 않았던 창의적인 샌드위치 매장 으로 포지셔닝positioning하여 새로운 시장인 블루오션blue ocean을 창출 한 유명한 경영 사례로 알려져 있다. 물론 맞는 말이지만 나는 이런 식의 분석은 비즈니스와 고객을 이해하는 데 오류를 일으키기도 한다고 믿는 다. 많은 경우 경영 전략가가 분석하는 평가는 기계적이고 결과적인 겉모 습을 설명할 뿐 성공의 원인을 이야기하는 것은 아니다. 의사의 청진기는 병을 진단하는 분석도구로 활용할 수 있지만 병을 치료할 수는 없는 것 처럼 경영자가 블루오션전략을 활용하여 프렛의 성공을 진단할 수는 있 지만 블루오션전략을 활용하여 프렛을 만들어낼 수 있는지는 의문이다.

오히려 프렛은 신선하고 맛 좋은 샌드위치를 고객에게 먹이고 싶다는 창업자가 가진 독특한 열정이라는 관점에서 바라볼 때 만들어질 수 있는 기업이다.

프렛의 성공은, 생활비가 높은 대도시에서 온전한 샌드위치를 만들어 내겠다는 줄리앙의 열망 때문에 가능했다. 줄리앙은 고객으로서, 인간으 로서 런던에서는 제대로 된 식사를 할 수 없는 불편한 환경을 보았고, 먹 을 만한 음식에 대한 열망으로 싱클레어와 함께 문제를 해결하였다. 생활 비가 비싼 런던에서도 훌륭한 음식을 먹고 싶었던 줄리앙과 싱클레어의 소망을 닮아낸 결과가 프렛의 성공을 만들었다는 표현이 훨씬 자연스럽 다. 프렛의 성공이 영리한 전략의 승리가 아니라 경영자의 열망으로 인한 승리라는 증거는 다음과 같다.

성공 요인이 모두 공개되었지만 프렛처럼 성공한 샌드위치점은 찾기 힘들다.

프렛의 성공을 보고 많은 경쟁자들이 품질 좋은 샌드위치를 슈퍼마켓 식의 서비스로 만들었지만 왜 프렛만큼 성공하지 못했을까? 전략은 모방할 수 있지만 샌드위치를 고객에게 전달해야겠다는 진심은 따라할 수 없었기 때문이다.

프렛의 행보에는 영리한 전략보다 우직한 창업자의 열정이 담겨 있다. 예를 들어 프렛에는 프랜차이즈 제도가 없다. 한국 시장에서 동네마다 치킨점이 많은 이유를 치킨에 대한 수요만으로 설명할 수는 없다. 또 다른 중요한 이유 중 하나는 치킨 본사가 짧은 시간 안에 공격적 매장 확대를 손쉽게 구현할 수 있는 프랜차이즈 시스템을 활용하기 때문이다.

프랜차이즈 시스템은 본사의 자본력이 없더라도 리스크risk 없이 매장을 급격히 확대할 수 있는 방법이다. 창업을 희망하는 개인에게 좋은 사업모델만 제공하면 개인이 자발적으로 투자하고 매장을 오픈하게 되어 자본력이 약한 회사의 몸집을 급격히 불릴 수 있는 시스템이다. 그러나 프랜차이즈는 근본적으로 관리의 한계를 노출한다. 일반 개인 프랜차이즈 매장의 서비스와 질이 본사 직영매장보다 떨어지는 것은 일반적인 사실이다.

성장을 중요시하는 표준 경제학적 관점이라면 직영점이 아닌 프랜차이즈 시스템을 도입하는 것이 영리한 선택일 텐데 왜 프렛은 그렇게 하지 않을까? 프렛을 창업한 두 청년이 사업을 하는 이유는 프렛의 성장이 아니라 온전한 샌드위치를 만드는 데 있기 때문이다. 직영점이라면 그들

프렛은 최고로 신선한 식자재를 사용하고 매장에서 직접 만들어
신선함을 유지하는 'just made'는 포기하지 않는다.

이 직접 품질을 관리할 수 있지만 프랜차이즈점은 직접 그들이 관리하는데 한계가 있다. 이런 속마음도 모르고 지금도 여전히 프렛 본사에 프랜차이즈 매장을 내달라고 문의하는 개인이 많은 것 같다. 프렛 홈페이지에는 프랜차이즈는 절대 하지 않으니 문의를 그만해달라는 공지가 큼지막하게 달려 있다.

프렛은 고객과 밀착된 자부심 높은 서비스로도 유명하다. 현재 프렛은 글로벌 샌드위치 브랜드로 자리 잡았지만 최고위급 임원들도 매장에서 일하는 것이 그들의 자랑스러운 문화이자 전통이다. 고위 임원들이 정기적으로 매장에서 일하는 전통은 프렛에서 일하는 그 누구라도 고객의 마음을 이해하지 못하고서는 프렛에서 존재할 수 없다는 강력한 메시지이다. 이렇게 임원들이 고객과 직접적으로 대면하면 포드의 핀토 사례처럼 단순히 원가절감이나 이윤확대를 위해 품질을 포기하는 일은 없을 것이다.

프렛의 건강한 식재료 사용, 합리적 가격, 자부심 있는 서비스 그리고 직영 모델은 그들이 기업 체계의 성장이 아닌 창업 동기로 움직인다는 반증이다. 프렛을 보면 이익을 많이 내기 위해 영리한 전략을 구사했다기보다 고객에게 진정성 있게 창의적으로 우직하게 일하다 보니 자연스럽게 이윤을 많이 내고 있다고 보는 것이 훨씬 자연스럽다. 내가 그렇게 생각하는 이유는 지금까지 만난 많은 성공한 사업가들의 상당수가 그러한 방식으로 사업을 하기 때문이다.

물론 그들이 자선사업가와 같이 아름답고 헌신적인 마음으로 사업을 하는 것은 아니다. 여전히 돈을 좋아하는 것도 사실이다. 그러나 그들은 돈만을 위해 이기적이고 쾌락적으로 일하지 않는다. 그들은 실제로 자신의 쾌락을 즐길 수 있는 돈과 시간(전문경영인을 고용한다면)이 있지만 기꺼이 그것(자신의 쾌락)을 포기하고 일한다. 그들이 현재의 쾌락을 포기하는 것은 미래에 더 많은 쾌락을 누리기 위해서가 아니다. 그들의 노력으로 시장을 바꾸고 고객을 위한 일이 가치 있는 일로 생각되고 고객이 그것을 알아차리기 때문이다.

기업이 사업을 하면서 스스로 던져야 할 질문은 '어떻게 기업이 성장할 것인가?'가 아니다. 기업의 이윤과 성장은 자연스런 결과일 뿐이기 때문이다. 기업이 스스로 던져야 할 질문은 '고객에게 진정으로 필요한 것은 무엇인가?'이다. 이 질문이 야생의 고객과 만나는 시작점이고 이 질문에 답할 수 있을 때 사업은 결과적으로 성공할 수 있다.

프렛은 '내가 먹고 싶은 것이 고객이 먹고 싶은 것이다'라는 단순한 명제에서 사업을 시작하였고 이런 명제를 지킴으로써 성공할 수 있었다.

1부를 마치며 나는 당신에게 이렇게 질문을 하고 싶다. 이윤을 넘어서 프렛과 같이 당신의 기업을 존재하게 하는 단순한 명제는 무엇인가?

3장에서 기억할 것

—

표준 경제학하에서 기업은 고객을 수요를 일으키는 계산기로, 야생 경제학하에서는 원시적 사고를 포함한 다양한 사고를 가진 인간으로 인식한다. 서로 다른 인식은 기업 운영에 상당한 영향을 미친다. 예를 들어 표준 경제학에 길들여진 포드 같은 기업은 인간의 목숨을 살리기보다 20만 달러의 사망 보상금을 지불하는 것이 낫다는 어처구니없는 판단을 한다. 그들에게 인간의 목숨은 값으로 매길 수 있는 숫자일 뿐이었다. 야생 경제학은 배에 승선하는 고객의 가슴 벅찬 감동을 바라보게 하지만 표준 경제학은 고객의 손에 쥔 티켓을 바라보게 할 뿐이다.

고객을 이익의 수단이 아닌 야생의 사고를 하는 인간 본성으로 이해하는 기업 경영이란 무엇일까? 이것은 기업의 올바른 경영 목적에서 시작한다. 이윤을 추구하는 것은 일견 당연한 기업의 목적처럼 보이지만 성공한 많은 기업들은 이윤을 목적으로 기업을 세운 것은 아니다. 그들에게는 이윤을 넘어서는 목적이 있다. 런던에서 출발한 샌드위치 전문점인 프렛이 품질이 뛰어나고 합리적인 가격으로 성공했다는 것은 결과론적 설명이지 성공의 원인이 아니다. 성공의 원인은 창업가의 창업 동기에 담겨 있으며 그 철학은 지금도 지켜지고 있다.

내가 먹고 싶은 것이 고객이 먹고 싶은 것이다.

많은 기업의 창업 동기 그리고 성공한 기업의 기업 운영 동기에는 인간이면 누구나 공감할 수 있는 상식적이면서도 강렬한 명제가 담겨 있다. 초코바를 만드는 기업이라면 기업이 만든 초코바는 고객을 위해 존재한다는 생각에서 기업을 운영할 때 야생의 고객과 공존할 수 있다.

1부를 통해 우리는 야생의 사고를 하는 야생의 고객이 존재함을 알았다. 4장에서는 표준 경제학의 이성에 길들여진 방식으로 소통하는 기업이 어떻게 야생의 사고를 하는 고객과 소통해야 하는지 알아보겠다.

자동차에서 좋은 엔진은 상식이지만

엔진룸을 열어보고 구매하는 고객은 거의 없다.

2

야생 마케팅의 이해 :
기업에 요구되는 변화

4

기업 소통의 기준,
절대사고 VS 열린사고

신념이 고정된 기업가에게는
극단적 현실만 존재한다

 1997년 12월 10일 오전 7시 30분, 연미복을 멋지게 차려 입은 마이런 숄스Myron Scholes는 설레는 마음으로 스위트룸 문을 두드렸다. 방문이 열리자 또 다른 신사가 나왔는데 그는 로버트 머튼Robert Merton이었다. 머튼은 숄스를 보자 환한 미소를 짓다가 끌어안고 끝내 눈물을 흘렸다. 그들이 평생 연구해온 경제 이론을 온 세계가 인정하는 날이었기 때문이다.

 전 세계에서 가장 권위 있는 상인 노벨상 수상을 결정하는 스웨덴 한림원은 그들에게 노벨 경제학상을 수여하기로 결정하였고, 지금부터 다섯 시간 후면 노벨상을 수상할 예정이었다. 상당한 상금도 받을 테지만 그들에게 상금은 중요한 것이 아니었다. 금융계에서 가장 주목받는 투자사인 롱텀 캐피털 매니지먼트Longterm Capital Management 이사회 멤버이자 투자철학의 기초를 세운 그들은 지난 몇 년간 연 40퍼센트 이상의 수익률을 거두어 헤지펀드● 업계를 놀라게 했다. 회사는 47억 달러(약 5조 원)의 자본금을 가진 규모로 급성장하였다. 1,000만 크로네(약 16억 원) 정

● 농사를 시작한 이래로, 농부들은 파종기에 자신의 곡식이 얼마에 팔릴지 예측하기 어려웠다. 그래서 농부들은 가을에 곡식을 수확했을 때 받을 가격을 미리 계약하여 위험을 회피하고는 했는데, 이를 헤징hedging이라고 한다. 이런 제도는 상인 입장에서도 안정적인 가격으로 곡물을 공급받을 수 있어 유리하다. 이와 같은 일종의 선물계약을 금융투자로 활용하기도 한다. 예를 들어 미리 계약을 맺은 사람은 일종의 투자자 역할을 하여 가을에 농수산물의 가격 변동에 따라 이익을 얻기도 하고 손실을 입기도 한다. 지금은 금융 시장에서 거래되는 파생상품의 시초가 된 이런 금융상품을 전문적으로 투자하는 헤지펀드가 활발히 활동하고 있다. 농수산물 시장에서 위험을 회피하기 위해서 만들어진 금융제도가 현대 금융 시장에서는 위험을 활용하여 새로운 투자를 하는 도구가 된 것이다.

도의 상금은 그들의 연말 보너스에도 미치지 못했다.

무엇보다도 그들만의 완벽한 수학적 해석을 통해 금융 시장에 수리투자모델의 새로운 장을 연 그들의 업적은 그들이 얻어낸 이익의 규모를 떠나 대단한 것이었다. 과거 금융계에서 그들보다 더 많은 부를 축적하거나 학문적 명예를 얻은 사람은 있지만, 그 누구도 그들처럼 가장 높은 명예와 부를 얻지는 못했다. 그러나 두 경제학자의 달콤한 시간은 그리 오래가지 않았다.

숄스와 머튼이 노벨상을 수상한 지 약 1년 뒤…… 그들은 오늘 굴욕적인 미팅이 예정되어 있었다. 러시아를 비롯한 개발 도상 국가들의 경제위기로 투자 손실은 걷잡을 수 없이 커졌고, 끝내 회사의 운영조차 어려워 외부 투자자의 도움 없이는 회생이 불가능했다. 이미 여러 은행과 투자사에 투자를 요청하였지만 모두 거절된 상태였으며 그들은 오늘 투자에 관심을 표한 투자자와의 미팅에 실낱같은 희망을 갖고 있었다.

오늘의 미팅이 굴욕적인 이유는 단순히 숄스와 머튼의 투자가 실패했다는 것 이상을 의미했기 때문이다. 완벽한 수학적 해석에 기초한 과학적이고 분석적인 그들의 투자 기법과는 달리 그들이 평소 폄하하던 전통적이고 아날로그적인 투자 방식으로 성공한 투자 거물이 미팅 상대였다. 이것은 마치 뉴욕 양키스가 재정적으로 어려워 앙숙인 보스턴 레드삭스에 도움을 요청하는 꼴이었다. 그러나 지금 숄스와 머튼은 체면을 가릴 처지가 아니었다.

약속 시간인 오후 3시가 20분이나 지났지만 아직 상대방은 도착하지 않았다. 숄스와 머튼은 '혹시 오지 않을까?' 하는 염려도 했다. 오후 3시

25분, 드디어 문을 열고 들어오는 상대는 헤지펀드계의 원조 거물 투자가 조지 소로스George Soros였다.

일반적으로 주식 투자자는 주식의 가치 상승을 기대하면 매입하고 반대로 가치 하락을 예상하면 매도함으로써 수익을 얻는다. 또한 투자자가 생각하는 기본적인 시장에 대한 생각은 시장 참여자들이 이성적이어서 일시적인 혼란이 오더라도 결국에는 균형을 향해 나아간다고 생각한다. 표준 경제학이 설정하는 이성적이고 이상적인 시장과 같은 맥락이다.

반면 소로스의 투자 방식은 기묘했다. 그는 보통 남이 안 될 것을 알고도 일종의 금융 파생상품을 활용해 투자함으로써 상대를 더 곤경에 빠뜨렸다. 1990년대 말 동남아시아 금융위기 당시 말레이시아 정부는 수습에 힘을 쓰면서 대외적으로 안전하다고 알렸다. 하지만 소로스는 말레이시아가 더 안 될 것이라고 예상하고 투자를 하여 막대한 이득을 얻었다.

이는 불난 집에 부채질하는 격으로 말레이시아 정부를 더욱 어렵게 만들었다. 비슷한 시기 소로스는 영국 정부를 상대로도 비슷한 방법으로 몇 주일 동안에 수조 원의 돈을 벌어들였다. 당연히 말레이시아, 영국 정부와는 사이가 좋지 않았다. 특히 말레이시아 총리는 소로스를 자국 금융위기의 원흉으로 생각했으며 그를 공공연하게 악마라고 칭했다.

소로스의 투자 원칙은 투자자에 대한 그만의 흥미로운 인간 해석에서 기인한다. 소로스는 종종 사석에서 자신을 금융 철학자로 소개하는데 그는 실제로 현대 철학자 칼 포퍼의 제자이다. 표준 경제학에서는 시장에 참여하는 투자자들이 이성적인 투자를 하여 시장에 일시적인 변동(주가의 상승과 하락)이 있어도 전체적 또는 장기적으로는 균형을 찾아간다고 가정한다. 반면 소로스는 금융 시장에 참여한 인간은 오류투성이라고 설정한다. 시장의 불균형이 일어날 때 사람들은 균형을 찾아가리라 생각하지만 소로스는 반대로 불균형이 더 커질 수 있다고 생각하고 투자했다. 그는 인간의 이성이 아니라 인간의 비합리성에 주목하여 투자를 한 것이다.

　과학적 측면에서 보면 오류투성이인 인간의 본성 중심의 철학적 기법으로 투자하는 소로스 투자 기법은 기이했다. 그래서 시장과 인간을 이성적이라고 가정하는 과학적 천재 투자가 숄스와 머튼, 반대로 오류투성이로 가정하는 금융 철학자 소로스의 미팅은 무척 흥미로웠다. 그날의 만남은 투자 전략이 다른 것이 아니라 세계관이 다른 사람들이 모여 이야기한 것이었다고 평가되기도 한다.

　"회장님, 투자 이야기를 하기 전에 개인적으로 궁금한 게 있습니다."

　머튼이 조심스럽게 물었다.

　"그냥 조지라고 불러요."

　소로스는 여유가 넘쳤다.

　"조지, 당신은 어떻게 다른 사람들과는 달리 영국 정부가 파운드화의 보호를 포기하고 두 손 들 것이라고 예측하셨습니까?"

　숄스는 경제학자다운 질문을 했다.

　"오히려 제가 먼저 질문하고 싶네요. 당신은 왜 러시아 금융위기 당시 마지막까지 시장의 가격이 오른다고 생각한 옵션을 매도하여 사태를 더 악화시켰습니까? 현실에서는 당신의 예측과 정반대로 움직이지 않았습니까?"

　소로스는 직설적으로 숄스와 머튼이 왜 투자 실수를 하였는지 물었다.

"우리는 우리의 계산을 믿었습니다."

자신의 투자는 실패하였으나 이론적으로는 실수가 없었다는 듯 머튼이 이야기했다.

"어떻게 그렇게 확신할 수 있었죠?"

소로스는 호기심에 차서 말했다.

"우리는 우리만의 정교한 과학적 포뮬러(계산식)가 있습니다. 계산에 의하면 이런 사건은 100년에 한두 번 발생합니다."

"운이 나빴다는 이야기로군요?"

소로스가 되묻자 숄스가 말했다.

"맞아요. 저희의 실수라기보다 운이 나빴다고 봐요. 미래는 불확실한 것이 아니라 단지 인간에게 예측할 지식이 없을 뿐이라고 생각합니다."

"그렇군요. 저에겐 당신과 같은 포뮬러가 존재하지 않습니다. 저는 시장을 꿰뚫어보거나 미래를 예측하는 포뮬러가 존재하지 않는다고 생각합니다. 퀀텀펀드(조지 소로스가 창업한 헤지펀드)가 당신의 회사에 투자한다면 그 포뮬러가 무엇인지 알고 싶어서가 아닙니다. 시장은 정해진 조건과 룰 안에서 벌어지는 체스게임과는 달라요. 체스게임이라면 컴퓨터가 이길 수 있지만 시장은 상상 속 세계가 아니라 살아 있는 자연 생태계와 같습니다. 전 컴퓨터를 통해 최소한의 정보만을 유심히 관찰할 뿐입니다. 그리고 숫자가 아니라 숫자를 만들어낸 사람들을 봅니다."

금융계의 철학자답게 소로스는 진지했다.

"그게 무슨 말이죠?"

머튼이 놀라며 말했다.

"예를 들면 퀀텀펀드가 파운드화에 쇼트포지션(선매도, 주식이 하락할 것을 예상하고 미리 매도하는 형식을 취하는 투자 기법)을 취하기 전 영국의 재무부장관은 현실에서 벌어지는 시장의 공포를 설명하기보다 이를 외면하고, 영국 정부 정책의 당위성만을 설명했어요. 이상하지 않습니까? 시장에서는 정부의 보호를 요청하는데 정부는 위험에 대한 어떤 조치를 취할 것인가가 아니라 헤지펀드에 대한 비난만을 했어요. 정부 정책에 대한 효과성을 논하기보다 자신이 취한 정책의 당위성만을 설명하더군요."

"듣고 보니 그렇습니다."

"말레이시아 정부는 물론 영국 정부는 윤리적 비난만 하였지 현실적인 대책에 대해선 아무것도 이야기하지 않았습니다. 저에겐 뚜렷한 대책이 없다고 스스로 자백하는 것으로 여겨졌고 그때 영국 정부가 보호할 자신감이 없다는 것을 알아차렸습니다."

"숫자가 아니라 숫자가 만들어낸 사람을 본다는 말의 의미를 이제 알겠습니다."

머튼은 그제야 진정으로 소로스의 말을 이해할 수 있었다.

"당신들은 투자를 경제적 그리고 과학적으로 해석한 투자 천재입니다. 그런데 지금 기업에서는 어떤 제안이 경제적이고 이성적이며 과학적이라고 설명하면 이를 너무 옳게만 여깁니다."

"그렇지 않은가요?"

숄스가 의아해하며 물었다.

"과학과 이성은 성과를 내기 위한 매력적인 도구이지만 제 판단으로는 여전히 과학과 이성은 가치중립적인 말입니다. 옳고 그름을 나타내는 말이 아니에요. 숄스, 사랑·종교·행복을 경제나 이성 또는 과학으로 설명할 수 있나요? 그럴 수 없습니다. 투자도 기업도 사람이 하는 것입니다. 투자를 하는 것은 인간입니다."

소로의 이야기는 차분하면서도 단호했다.

"인간이 늘 과학적 이성적으로 사고하는 것은 아니에요. 그래서 인간이 실행하는 투자를 과학과 이성으로만 판단할 수는 없습니다. 그러나 당신들에게는 과학과 이성으로 무장한 당신들만의 포뮬러라는 확고한 신념이 존재하는 것 같군요. 확고하다는 것은 분명해서 좋지만 반대로 경직되었다는 말이기도 합니다. 고정된 신념으로는 살아 있는 시장을 읽어내지 못합니다. 살아 있는 시장은 보이지 않는 손으로 움직이는 프로그램이 아니라 시장 참여자가 스스로 행동하는 불규칙한 생명체와도 같습니다. 그래서 퀀텀펀드는 예측하지 않습니다. 사람의 움직임을 주시할 뿐입니다."

이 말에 숄스와 머튼은 약속이나 한 듯 앞에 놓인 커피를 한 모금 마시고 깊은 생각에 사로잡혔다. 10분 뒤 당대 투자 천재들의 미팅은 쓸쓸히 끝났다.

열린 사고가 만들어내는
열린 소통

식인종에 대해 아무리 많이 알아도 그들을 온전히 이해하고 소통하기 위해서는 '식인 습관은 나쁘다'라는 생각을 내려놓아야 한다.

우리에게는 식인 습관이 편견이지만 식인종에게는 식인 습관이 상식이다.

고정된 신념을 갖고 타인과 소통하는 것은 어려운 일이다. 기업과 고객의 관계도 마찬가지이다. 어느 기업의 직원식당에 걸린 현수막에 다음의 문구가 있는 것을 보았다.

고객이 짜다고 하면 짜다.

기업과 고객의 소통에 관한 참 멋진 말이다. 고객이 짜다고 하면 짠 것이라는 말은 음식의 간을 조절하는 전문가는 요리사이지만 전문가인 요리사가 고객과 대면할 때 자기가 가진 맛에 대한 선입견을 내려놓겠다는 말이다. 기업이 아무리 뛰어난 전문성을 가졌더라도 그것을 내려놓을 때 고객에 대한 제대로 된 이해가 가능하다.

그런 의미에서 소로스는 투자 천재라기보다 인간의 마음을 잘 읽는 소통의 천재이다. 그는 시장을 정확히 분석하는 과학적이고 이성적인 금융공학에 의존하지 않는다. 소로스는 시장에 참여한 사람들을 세심히 관찰하고 그들이 왜 불안해하며 주식을 내다 파는지, 반대로 왜 욕심을 부려 주식을 과도하게 매입하는지 알아냄으로써 기회를 발견한다.

소로스는 자신이 가진 고정관념을 내려놓고 시장을 투명하게 바라보면서 투자자도 몰랐던 인간이 가진 야생의 마음을 잘 읽어내 소통한다. 야생의 고객과 소통하기 위해서 머튼과 숄스 같은 첨단기술이 필요한 것은 아니다. 오히려 그것이 고정된 신념이라면 소통에 방해가 된다.

부끄러운 이야기이지만 한때 나는 경영에 대해 상당한 지식이 있다고 생각했고 고객을 잘 안다고 여겼다. 비즈니스를 전공하고 다양한 산업에서 오랜 기간 컨설팅, 마케팅을 하였기에 그런 착각(?)을 한 것이다. 그런데 내가 아는 것이 어쩌면 편협한 생각일 수 있다는 것을 알려준 사람이 바로 조지 소로스이다. 그래서 헤지펀드 투자가인 숄스와 머튼의 사례를 빌어 조지 소로스의 교훈을 적어 보았다. 세 사람의 천재가 만난 것은 사실이지만 그 사람들이 나눈 이야기는 나의 상상으로 쓴 것이다.

숄스와 머튼이 미래를 예측할 수 있다는 고정된 신념을 갖고 일했듯 우리도 미래를 예측할 수 있다는 고정된 신념으로 일하는 것은 아닐까? 우리의 이성은 숫자와 비율을 따지고 집단을 관리한다. 특히 머튼과 숄스 같은 천재들은 미래를 예측할 수 있다는 신념을 갖고 그 집단을 해석하는 하나의 해결방법, 흔히 포뮬러(또는 자신만의 핵심 역량)를 찾아내려고 애쓴다.

뉴턴의 만유인력 법칙은 지구를 포함한 태양계 안에서는 기가 막히게 작동하지만 원자의 세계에서는 전혀 작동하지 않는다. 이는 시장을 읽고 소통하는 원리에도 똑같이 적용된다. 신념 있는 경영자는 시장이 바뀌어도 과거에 작동했던 고정된 시각과 신념으로 바뀐 시장을 해석하기에 필연적으로 실패한다. 마치 자연 법칙을 하나의 물리 법칙으로 설명하기 어려운 것처럼 시장과 고객을 꿰뚫는 고정된 포뮬러는 존재하지 않는다.

4장에서 기억할 것

—

　금융 시장은 물론 모든 산업에서 기업이 시장 또는 고객에 대한 니즈를 예측하는 능력을 가졌다는 것은 큰 자산이다. 그러나 기업의 예측 능력 또는 핵심 역량을 과도하게 믿으면 시장의 소리를 듣지 못하게 되는데 이를 요약하면 다음과 같다.

- 기업이 시장 예측 능력(또는 핵심 역량)을 갖는다는 것은 좋은 일이다.
- 예측 능력(또는 핵심 역량)을 절대적으로 믿으면 고정된 신념을 갖게 된다.
- 기업은 시장에서 나오는 야생의 소리보다 시스템의 결과에 더 의존한다.
- 시장과 고객이 보내는 야생의 소리를 현실이 아니라 오류라고 착각한다.
- 현실을 보지 못하는 기업은 점점 잘못된 의사결정을 하여 점점 더 어려움에 이른다.
- 어려움에 처한 기업은 위험을 극복하기 위해 더욱 고정된 신념에 의존하고 결국 주저 없이 극단적 선택을 하여 실패하고 만다.

5장에서는 야생의 소리를 듣지 못하게 하는 원인에 대해 알아보겠다.

생각의 오염을 정화시키는 노래

기업에서는 좋을 때 좋다고 말하고 나쁠 때 나쁘다고 말하기보다, 좋을 때는 위기라고 말하고 나쁠 때는 희망이 있다고 말하는 것이 일반적이다. 하지만 재즈의 대가 루이 암스트롱이 부른 〈What a wonderful world〉처럼 야생의 고객이 내는 야생의 소리를 들으려면 있는 것을 있는 그대로 볼 줄 아는 눈이 필요하다. 예전에는 음색이 좋았는데 요즘은 가사가 좋다. 초록 나무를 초록색으로 빨간 장미를 빨간색으로 파란 하늘을 파란색으로 볼 수 있는 정직한 힘이 좋다.

〈What a wonderful world〉

I see trees of green, red roses, too.
나는 초록 나무를 본다, 빨간 장미도.

I see them bloom, for me and you.
나는 꽃이 피는 것을 본다. 나와 당신을 위해서.

And I think to myself.
그리고 난 혼자 생각하지.

What a wonderful world.
정말 멋진 세상이야.

I see skies of blue, and clouds of white.
나는 파란 하늘을 본다. 그리고 하얀 구름도.

The bright blessed day, the dark sacred night.
빛은 낮을 축복하고, 어둠은 밤을 신비롭게 한다.

And I think to myself.
그리고 난 혼자 생각하지.

What a wonderful world.
정말 멋진 세상이야.

The colors of the rainbow, so pretty in the sky
무지개의 빛깔은 하늘에서 정말 아름답지.

Are also on the faces of people going by
지나는 사람들의 얼굴에서도

I see friends shaking hands, saying, "How do you do?"
나는 친구들이 악수하는 것을 본다. "잘 지내?"

They're really saying, "I love you."
그들은 사실 "사랑해"라고 말하는 것 아닐까?

I hear babies cry, I watch them grow
나는 아기의 울음소리를 듣고, 그 아이가 자라는 것을 본다.

They'll learn much more than I'll never know
아이들은 내 평생 알게 될 것보다 더 많은 것을 알게 되겠지.

And I think to myself
그리고 난 혼자 생각하지.

What a wonderful world

참 멋진 세상이야.

Yes, I think to myself

그래, 난 혼자 생각해.

What a wonderful world

참 멋진 세상이야.

5

야생의 소리를
듣지 못하는 원인

고객 시스템 비만,
사무실에서는 야생의 소리를 들을 수 없다

　오늘날 기업이 고객을 인식하는 것에서 문제가 되는 점은 무지나 무관심보다는 과잉이다. 우리 주변을 돌아보면 정보 과잉, 커뮤니케이션 과잉, 과보호, 과체중 등으로 인하여 사회 시스템은 몸살을 앓고 있다. 이는 기업이 고객을 인식할 때에도 예외 없이 적용된다.

　과잉으로 일어난 문제점은 어떻게 해결할까? 프랑스 철학자 장 보드리야르Jean Baudrillard의 지적처럼 과잉의 문제점은 결핍이 야기하는 문제점보다 심각하다. 결핍으로 인한 문제는 눈에 쉽게 드러나는 반면 과잉으로 인한 문제는 눈에 쉽게 드러나지 않기 때문이다. 예를 들어 영양 결핍이 야기하는 영양실조는 문제점도 명확하고 해결책도 비교적 확실하다. 반면 비만은 오랫동안 질병으로조차 인식되지 못하였다. 영양 과잉으로 인한 비만은 문제점을 인식하는 것도 어렵고 해결책을 생각해내는 것은 더욱 쉽지 않다. '많은 게 좋다'는 통념은 비만을 병으로 인식하지 못하는 것에 일조했다. 기업의 고객에 대한 과잉 인식도 부작용으로 생각하기는커녕 좋은 현상으로 간주되기 십상이다.

　고객이 중요하다는 것이 상식이 되어버린 오늘날 기업은 고객 정보라면 가리지 않고 섭취하는 데 힘쓴다. 그러나 고객에 대한 정보를 많이 아는 것과 제대로 아는 것은 같은 이야기가 아니다. 지금 기업은 고객에 대한 과도한 관심으로 인한 '고객 정보 시스템 비만'(이하 고객 시스템 비만) 상태이다. 실시간으로 넘어오는 판매 데이터는 물론 정기적인 고객 리서치를 통해 엄청난 양의 정보가 들어오며 고객센터와 SNS 등으로 축적된 고객 정보도 많다. 신상품이라도 개발할 때면 고객은 물론 전문가의 자문을 받아 고객이 원하는 상품을 만들어내려고 혈안이 된다. 그러나 신상품의 성공률은 여전히 낮다.

고객을 만나는 기술은 발전했지만 우리의 마케팅이 여전히 실패하는 것을 보면 우리가 아직도 고객을 모른다는 사실만 명백해질 뿐이다. 따라서 현재 고객에 대한 과도한 인식은 고객을 이해하는 데 도움이 되기보다 시스템 자체의 비만만을 가져왔다고 보는 것이 타당하다.

지금 기업은 기업 내부로 들어오는 고객 정보를 분석하기에도 바쁠 정도로 시간이 없어 시장에 나갈 여유가 없다고 말한다. 고객의 소리를 너무 많이 듣다 보니 정작 시장에서 나오는 야생의 소리는 듣지 못하는 격이다. 이럴 때에는 1만 명의 고객이 내는 소리는 꺼두고 그냥 한 명의 고객을 만나 진지하게 듣는 것이 더 낫다.

기업 교육을 진행할 때 중요하게 여기는 것 중 하나가 실습이다. 실습이 있어야 교육받은 뒤 현장으로 돌아가 학습한 것을 바로 활용할 수 있기 때문이다. 효과적인 상품 기획, 트렌드와 마케팅 교육은 강의실이 아닌 시장에서 이루어져야 한다. 그래서 우리는 가로수길에 있는 교육장을 장기 임대하여 수강생이 교육 기간 중간에 경쟁 브랜드와 고객 조사를 실습할 수 있도록 돕는다.

이때 간혹 의아할 때가 있다. 상품 기획 부서나 마케팅실에서 근무하는데 가로수길에 처음 와본다는 것이다. 그리고 고객을 1:1로 만난 적이 없어 고객에게 질문하는 것조차 두려워한다. 이들 대부분은 고객이 좋아하는 연도별 베스트 상품, 연평균 구매액, 평균 나이, 연평균 소득은 너무도 잘 알고 있지만 그들의 고객이 요즘 주말에 누구를 만나며, 무엇을 먹고, 고민은 무엇인지에 대한 호기심은 상대적으로 낮다. 고객을 '분석된 데이터'로만 만나는 것은 마치 페이스북만으로 친구를 사귀는 것과 같다. 기업이 고객에 대한 평균적인 정보는 잘 알고 있지만 고객이 인간으로서 어떤 삶을 살아가는지 모르는 것은 위험을 초래한다.

최첨단 이동수단인 세그웨이Seg way의 실패는, 인간으로서 고객이 어떤 삶을 살아가는지 제대로 이해하지 못한 결과이다. 출발 당시 IT 업계에서 주목받은 인간 중심의 친환경 교통수단 세그웨이는 누구나 알지만 아무도 사지 않는 상품이 되었다. 세그웨이는 바퀴가 두 개밖에 없는 일종의 신개념 1인용 스쿠터로 한때 세상을 바꿀 만한 발명품으로 화제가 되었다. 퀵보드처럼 생겨 무게 중심을 잡기 어려워 보이지만 1/100초 단위로 탑승자의 무게 중심을 측정하여 방향과 속도를 결정하는 센서가 있기 때문에 탑승자는 별다른 어려움 없이 중심을 잡을 수 있다. 발판에 올라선 뒤 원하는 방향으로 몸을 조금씩 기울이기만 하면 저절로 움직이고 몸을 뒤로 기울이면 제자리에 서는 등 조작법도 간단하다.

세그웨이가 초창기에 투자자, 엔지니어, 업계 전문가에게는 호평을 받았지만 정작 소비자에게는 외면을 받은 이유는 무엇일까? 세그웨이의 결정적 실수는 실제로 사람들이 어떻게 교통수단을 이용하는지에 대한 이해가 부족했다는 것이다.

세그웨이의 엔지니어가 실험실 바깥으로 나와 도시에서 생활하는 인간의 삶을 일주일 동안만 경험했다면 세그웨이는 많이 바뀌었을 것이다.

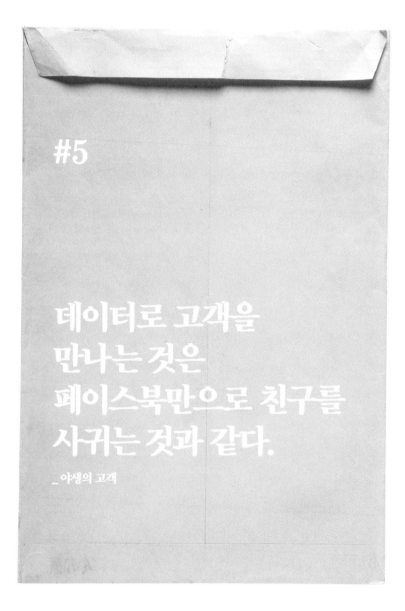

#5

데이터로 고객을
만나는 것은
페이스북만으로 친구를
사귀는 것과 같다.

_ 야생의 고객

야 생   마 케 팅 의

이 해

KBS 〈인간의 조건〉에서 개그맨 김준호 씨는 세그웨이의 실패 원인을 명쾌하게 보여주었다.

인간의 삶에 대한 진지하고도 유쾌한 고민을 하는 이 예능 프로그램에서 김준호 씨는 자동차를 타지 않고 살아가야 하는 과제를 부여받았다. 처음에 김준호 씨는 영리하게도 세그웨이를 타고 멋지게 언덕을 달려가며 흐뭇한 미소를 지었다. 그러나 김준호 씨가 언덕을 내려와 지하철을 타게 되자 세그웨이는 편리한 교통수단이 아닌 무거운 짐짝이 되고 말았다. 김준호 씨의 얼굴도 곧 시름 가득한 표정으로 변했다.

김준호 씨처럼 도시에서 세그웨이를 타보면 교통수단으로써 부적합한 것을 금세 알 수 있다. 그러나 기업 내의 연구원이나 기획자가 김준호 씨와 같은 고객의 인체공학적 정보와 신상 정보는 많이 가지고 있지만 고객을 직접 만나 대화하거나 관찰하지 못하는 것이 기업의 현실이다. 기업이 정보로 고객을 만나는 것은 조작된 고객만을 만날 뿐이다. 개인의 특성을 나타낸 개별 숫자들은 평균으로 뭉개져서 실제의 고객을 왜곡한다. 오늘날 마케팅의 실패는 고객 정보의 부족이 아니라 고객 이해의 부족에서 기인한다. 시장에서 고객을 한 번도 만나보지 못한 상품 기획자가 상품을 만드는 기업 현실이 이에 대한 반증이다.

반면 인간의 문화를 연구하는 인류학자들은 단순히 인간에 대한 많은 정보를 얻는 것을 넘어 진정으로 이해할 수 있는 탁월한 방법을 알려준다. 인류학자 레비-스트로스는 타 문화의 사람들을 이해하기 위해 아프리카 원주민들의 문화를 조사하던 중 신기한 풀을 발견하여 원주민에게 이 풀의 이름이 무엇이냐고 물었다. 그의 질문에 원주민 모두가 어이없다는 듯이 웃었다. 천재 인류학자의 과학적 질문이 원주민에게는 바보 같은 질문이었기 때문이다. 원주민은 약도 아니고 먹을 수도 없는 풀이 이름이 있을 리 없는데 그런 질문을 무엇 하러 하느냐고 하였다.

레비-스트로스는 서양인에게 알지 못하는 것은 알아야 할 대상으로 인식되지만, 원주민에게 알지 못하는 것은 쓸모없는 대상으로 인식된다는 사실을 깨달았다. 그때까지 레비-스트로스는 모든 사물에는 이름이 있어야 한다고 믿었지만 원주민을 통해 쓸모없는 것은 이름이 있을 필요가 없다고 생각할 수 있다는 새로운 발견을 한 것이다.

고객을 안다는 것의 진정한 의미는, 내 입장에서 중요하게 생각하는 정보가 아니라 직접적 대면을 통해 고객이 중요하게 생각하는 정보를 투명하게 이해하는 것이다. 따라서 고객에 대해 많이 아는 것과 고객을 제대로 아는 것은 전혀 다르다. 시장에서 고객을 1:1로 만나거나 그들의 행동을 직접 조사하고 이야기하는 것이 실상 고객을 제대로 알 수 있는 가장 좋은 수단이다. 데이터나 외부 전문가가 제공하는 정보는 보조적 이해 수단이지 그것이 주가 되면 인류학자가 도서관에서 타 문화의 인류를 연구하는 것이나 다름없다.

천재적 마케터의 질문이 고객 입장에서는 바보 같은 질문이 될 수 있는 것이 마케팅의 현실이다. 기업은 문화인류학자와 같이 고객과 투명하게 만나서 그들의 사고방식, 먹는 것, 사랑하는 사람들과 이야기하는 것, 고민하는 것에 대해 이해해야 한다. 고객이 왜 기업의 제품을 쓰는지 알면 기업이 만들어내는 상품과 서비스는 결코 실패하지 않을 것이다.

코스트코는 선물 고르듯이,
홈플러스는 이마트의 눈치를 보듯 상품을 기획한다

치열한 가격경쟁을 벌이는 할인점 시장에서 기업의 가격 소통 상대는 고객이 아닌 경쟁사다. 기업은 고객이 왕이라고 자주 말하지만 정작 시장에서 고객의 눈치를 보는 것이 아니라 경쟁사의 눈치를 보며 기업 활동을 한다. 한동안 대형마트 업계에서는 경쟁사보다 비싸게 팔면 차액을 환불해주는 마케팅을 진행하였다. 할인점의 가격정책은 늘 경쟁사를 주시하고 경쟁사와 소통한다. 경쟁사보다 '○○한 가격', 경쟁사보다 '○○한 편리성', 경쟁사보다 '○○한 상품'으로 경영하는 할인점 경영 방식은 모든 할인점을 엇비슷하게 만들어버렸다.

어떤 할인점을 가든지 똑같은 상품과 거의 비슷한 가격이기에 더 이상 고객은 더 저렴하고 좋은 상품을 판매하는 할인점을 찾아 다니지 않는다. 고객은 이제 가까운 거리의 할인점을 찾아갈 뿐이다. A마트가 B마트보다 훨씬 좋아서 가는 것이 아니라 A마트가 가깝기 때문에 가는 것이다. 물론 고객마다 선호하는 마트가 있지만 자동차를 이용해 10분 이상 차이가 나지 않으면 굳이 멀리 가지 않는다.

반면 코스트코를 찾는 많은 고객은 먼 거리에서 기인하는 성가심을 무릅쓴다. 고객 입장에서 꼭 코스트코를 찾는 이유는 코스트코가 경쟁사가 아닌 고객과 직접 소통하여 타 할인점과 다른 상품을 제공하기 때문이다. 할인점은 일반적으로 다양한 상품을 저렴하게 판매하는 편리성이 있다. 그러나 코스트코는 할인점임에도 가격이 저렴한 편은 아니다. 품목도 카테고리당 단 한 개의 상품만을 판매하는 경우가 대부분이다.

일반 할인점에 다양한 종류의 우유가 있는 반면 코스트코는 일반 우유와 저지방 우유를 각 한 종씩만 판매한다. 코스트코의 상품 구매와 공급을 담당하는 상품 기획자는 상품 카테고리별로 엄선하여 선정한 훌륭한 상품을 대량으로 구매하여 비교적 저렴하게 판매한다. 고객 입장에서 코스트코의 상품은 구매한다기보다 믿을 수 있는 친구에게 추천받는 느낌을 준다. 포장하지는 않았지만 상품을 준비한 상품 기획자의 정성과 고민이 담긴 선물과도 같다.

일반 마트가 우유 10여 개를 준비하고 '그중에 하나를 고르세요' 하는 식이라면 코스트코는 고객이 원하는 우유를 깊이 연구한 후 하나를 골라 '고객님이 원하는 우유가 이것 맞죠?' 하는 식으로 상품 기획을 한다. 카테고리에서 단 한 개의 품목만을 내놓기 때문에 고객이 무엇을 원하는지 연구하지 않을 수 없다. 마치 우리가 친구나 가족에게 깊이 생각하고 그들이 필요한 것을 선물하듯 말이다.

또한 코스트코 서점은 전문적으로 책을 판매하는 교보문고보다 다양하지는 않지만 아이들에게 정말 좋은 책 소수만 구비하여 부모로 하여금 책을 선택하는 수고를 덜어준다. 가격은 두 말할 것도 없이 일반 서점보다 저렴하고 선생님이 학생에게 추천하듯 책을 구비해놓는다.

기업은 고객과 소통하는 것 같지만 많은 기업이 고객이 아닌 경쟁사와 소통한다. 이것은 기업에 무의식적으로 깔려 있는 기업 전쟁론에 기인한다. (……) P&G 마케터보다는 전략가에게 더 배울 것이 많다. _알 리스, 마케팅 전략가

일반적으로 코스트코는 고객에게 선물하듯 카테고리당 단 하나의 제품만을
내놓는다. 코스트코 고객은 상품을 '선택'하지 않는다. 제안을 '수락'할 뿐이다.

#6

경쟁 전략에
빠진 기업의
소통 대상은
고객이 아니라
경쟁사다.

_야생의 고객

야 생 마 케 팅 의

이 해

치열한 비즈니스 경쟁을 전쟁으로 표현하는 경우가 종종 있지만 알 리스는 그의 저서《마케팅 전쟁》에서 비즈니스 전쟁을 비유가 아닌 실제로 인식한다. 알 리스에게 경쟁사는 적이고 고객은 경쟁사에게서 빼앗을 영토이다. 전쟁론에서 출발한 기업 전략에서 기업의 소통 대상은 고객이 아니라 경쟁사이며 고객은 전리품일 뿐이다. 전쟁에서 전리품과 소통하려고 하는 병사나 장군은 없다. 전리품은 쟁취 대상일 뿐이다. 많은 기업들은 고객이 아닌 경쟁사가 어떤 행동을 하는지 주시하고 그에 대해 대응하는 것이 경영이라 생각한다.

《마케팅 전쟁》에 등장하는 전략, 공격, 약점, 본사headquarter 같은 용어는 전쟁 용어이지 고객과 관련된 단어가 아니다. 고객 만족을 중요한 지표 중 하나로 생각하는 마케팅 활동에 고객과 관련된 이야기가 등장하지 않는 것이 이상하지 않은가? 냉전 시대에 미국과 소련이 한반도 사람들이 무슨 생각을 하느냐를 고려하지 않고 휴전선을 그었듯이 마케팅 전쟁론 입장에서는 고객이 무슨 생각을 하는지 그다지 중요하지 않다. 기업 전쟁론이 팽배한 시장에서 고객은 늘 뒷전이며 어떠한 변화도 기대할 수 없다.

기업 전쟁론의 가장 큰 수혜를 받은 쪽은 기업 전략 분야일 것이다. 비즈니스 스쿨에서 가장 인기 있는 과목 중 하나도 전략이다. 나 또한 전략 수업을 들었는데 담당 교수는 수업 첫날 질문을 통해 가장 상식적이면서도 당황스러운 전략에 대한 불편한 진실을 이야기했다.

"비즈니스에서 가장 훌륭한 전략은 무엇일까요?"

학생들이 니치, 8:2, 유도, M&A 등 일곱여 개의 전략과 나름의 이유를 이야기하자 담당 교수는 잠시 침묵한 후 강의장 전체의 학생들과 눈을 마주치며 또박또박 이야기하였다.

"이것은 전략이라기보다 모든 기업의 꿈과 같습니다. 어떤 기업이든 원하는 것이죠. 그 전략은 바로 독점monopoly입니다."

강의장에 앉아 있던 누구도 예상하지 못했지만 담당 교수의 말은 설명이 필요 없는 상식적인 답변이었다. 모든 기업이 법이 정하는 한도 내에서 독점을 하거나 독점적 위치에 있다면 그보다 더 좋은 전략은 없다. 독점은 기업의 이윤을 극대화할 뿐만 아니라 이를 지속하게 만드는 장점이 있다. 그래서 독점기업은 혁신을 통해 고객에게 더 사랑 받을 방법을 강구하기보다는 어떻게 더 독점을 유지할 것인지 고민하는 데 힘을 쏟는다. 그러나 독점은 아이러니하게도 고객이 기업에게 받는 가장 큰 피해 중 하나이다.

독점으로 기업의 이윤이 늘어나는 만큼 소비자의 지갑은 얇아지고 혜택도 적어진다. 그래서 기업 자본주의의 천국인 미국에서조차 기업의 독점은 정부에서 가만두지 않는다. 대표적인 예가 마이크로소프트다. 미국 정부와 마이크로소프트는 독점 여부를 두고 치열할 법정싸움을 하고 있다.

1990년대 후반 회사생활을 시작하면서 처음 접했던 마이크로소프트 Microsoft(이하 MS)의 대표적 소프트웨어인 'MS 오피스'를 지금껏 쓰고 있다. 그중 막강한 경쟁력을 자랑하는 엑셀, 파워포인트, 워드 삼총사는 지금도 애용하는 프로그램이다. 사실상 이런 프로그램이 없으면 일을 할 수 없을 지경이다. 특히 다양하고 신기한 기능으로 숫자와 관련된 수리적 정보 처리를 할 수 있는 엑셀은 마법처럼 업무 능률을 향상시켰다.

IT 업계는 가장 빠르게 변하는 산업 중 하나이지만 이상한 점이 있다.

거의 20년 가까이 MS 오피스를 사용하지만 주요 기능은 20년 전과 별반 차이가 없어 보인다. 모양이 많이 바뀌었고 부가 기능도 늘었지만 주된 기능은 그때나 지금이나 마찬가지이다.

'실망이다!'

차이가 있다면 처음 느꼈던 신선한 충격을 지금은 전혀 느낄 수 없다는 것이다. 사무실에서는 MS 오피스를 좋아해서 쓰는 것이 아니라 어쩔 수 없이 쓰는 형국이다. MS는 지난 20년 동안 거의 변화를 이루어내지 못했지만 대안이 없어 다른 것을 선택할 수도 없다. 그 이유는 MS의 독점적 시장 점유율 때문이다.

기업 전쟁론적 사고방식으로는 상품의 어떠한 혁신적 변화도 이룰 수 없다. 전쟁론적 시각에서의 상품은 경쟁사와 비슷하거나 조금 더 나은 수준이면 된다. MS 오피스의 놀라운 점은 기능이 뛰어나게 발전된 것이 아니라 20년 동안 거의 변하지 않았다는 것이다. 그래서 아시다시피 MS는 점점 무너져가고 있다.

MS가 고객이 아니라 구글과 애플의 눈치를 볼 때 그 미래는 그다지 긍정적이지 않다는 사실은 지금까지 경쟁의 패러다임으로 성장한 한국 기업에 시사하는 바가 크다. 이런 면에서 기업 전쟁론은 고객은 물론 지금 1등을 하고 있는 기업에게도 추천할 만한 것이 되지 못한다. 오늘 당신이 내린 의사결정은 고객의 눈치를 보았는가 아니면 경쟁사의 눈치를 보았는가?

5장에서 기억할 것

—

야생의 소리를 듣지 못하는 기업 내부의 구체적 원인 두 가지는 '고객 시스템 비만'과 '기업 전쟁론'이다.

수많은 고객 정보는 비만에 걸린 환자처럼 기업을 고객 정보 비만 상태에 빠뜨렸다. 고객에 대한 많은 정보가 쌓일수록 기업은 고객과의 직접적 소통을 불필요한 것으로 여긴다. 반면 인류학자들은 알지 못하는 타 민족을 연구할 때 도서관에 틀어박혀 문헌 조사에만 의존하지 않는다. 인류학자들은 타 민족을 이해하기 위해 그들과 같이 오랜 기간 살아가는데 기업도 이런 방법을 통해 고객을 더 깊이 이해할 수 있다.

기업 전쟁론은 기업을 고객이 아닌 경쟁사와 소통하게 만든다. 전쟁론 하에서 고객은 기업의 전리품이고 경쟁사는 무찔러야 할 적이기 때문이다. 이런 기업은 고객의 동향이 아니라 경쟁사의 동향에 민감하여 고객의 요구가 아니라 경쟁사의 행동 때문에 가격을 낮추거나 새로운 상품을 개발한다. 경쟁이 심한 할인점 시장에서 가격을 낮추는 것은 고객의 요구가 아니라 경쟁사의 요청 때문이다. 이런 기업에서 상품은 혁신적이기보다는 경쟁사보다 조금 더 좋은, 더 편리한, 더 다양한 수준일 뿐이다.

코스트코의 상품은 포장되지 않은 특별한 선물과 같다. 일반 마트가 모든 종류의 우유를 싸게 구비해놓은 반면 코스트코는 단 한 하나의 질 좋은 우유를 고민하여 내놓기 때문이다. 이런 시스템으로 인해 코스트코는, 고객이 하나의 우유만을 사게 되면 어떤 우유를 원할까 고민하여 고객에게 선물 준비하듯 상품 기획을 하고 보통의 할인점은 경쟁사의 눈치를 보며 상품 기획을 하는 경우가 많다.

5장에서 우리는 야생의 소리를 듣지 못하는 원인을 살펴보았다. 6장에서는 야생의 소리를 듣는 기술을 알아보겠다.

야생의 소리를
듣는 기술

세일즈맨은 자기긍정,
마케터는 자기부정의 소통을 한다

다음 이야기는 자기계발 서적에 흔히 등장하는 사례이다.

어느 국제적인 신발회사에서 두 명의 영업사원을 아프리카 오지에 시장 조사차 보냈다. 곧 두 사람은 현지에서, 그곳의 토인들은 아무도 신을 신지 않고 맨발로 다님을 알게 되었다. 그중 한 사람은 본사에 현지 시장 조사 결과를 다음과 같이 보고했다.

"아무도 신을 신고 다니지 않음. 이곳은 신발을 팔 수 있는 곳이 아님."

다른 한 사람은 전혀 다른 내용으로 보고하였다.

"아무도 신을 신고 있지 않음. 그래서 엄청난 수량을 판매할 수 있을 것으로 예상됨."

이 이야기의 메시지는, 첫 번째 영업사원처럼 어려워 보이는 현실을 통해 낙담하기보다 두 번째 영업사원처럼 현실을 긍정적으로 바라보고 장애물을 돌파하라는 것이다.

처음 직장생활을 하며 이 이야기를 들었을 때, 참 좋은 사례라고 생각했으며, 나도 긍정적 시각을 가져야겠다고 마음먹었던 기억이 난다. 그러나 지금은 그런 노력을 더 이상 하지 않는다. 나는 당신이 과거의 나와 같은 노력을 하지 않기를 간절히 권한다. 두 번째 영업사원은 긍정적 시각을 가신 것이 아니라 불통의 시각을 가졌기 때문이다. 시장에서 세일즈맨의 과도한 긍정은 고객과의 소통을 막는다.

기업의 신상품이 신규 시장에서 팔리지 않거나 혹은 고객이 상품에 관심을 갖지 않는 것은 이상한 현상이 아니라 오히려 자연스러운 현상이다. 이 문제를 고객 입장에서 생각해보자. 신발을 신는 우리(기업) 입장에서는 신발을 신지 않는 사람(고객)이 당혹스럽지만 신발을 신지 않는 사람(고객)에게는 신발을 신는 것이 오히려 당혹스러운 일이다. 그러나 긍정의 세일즈맨은 고객의 당혹스러움을 이해하지 못하고 고객이 무지하다고 생각한다.

일상에서 상대방이 거부 의사를 표시하는데도 계속 자신의 주장을 하면 '의지가 좋네'라고 표현하기보다 '막무가내'라고 말한다. 상대가 내 제안을 거부하면 다른 것을 제안하거나 왜 그 제안을 받아들이지 않는지 생각하는 것은 생각해보면 지극히 상식적인 일이다. 따라서 세일즈맨은 자신의 막무가내식 제안이 실행될 때까지 긍정적 시각을 유지해야 하는 것이 아니라 '왜 아프리카 오지 사람들은 신발을 필요로 하지 않는가?'에 대한 의문을 품고 그것을 이해하려고 노력해야 한다.

현실에서 세일즈맨이 불통의 시각을 갖는 것은 개인의 문제가 아니라 체계의 요구 때문이다. 1부에서 언급한 것처럼 표준 경제학은 체계의 성장을 목표로 하기 때문에 사업을 '우리의 상품을 얼마나 많이 판매할 것인가?'에 대해 답하는 것으로 이해한다.

그러나 야생 경제학은 체계의 성장이 목표가 아니기 때문에 '우리의 고객은 무엇을 원하는가?'로 시작한다. 야생의 마케터는 기업이 이미 갖고 있는 핵심 상품의 경쟁력으로부터 풀어가지 않는다.

지금으로부터 약 2,300년 전 이와 비슷한 고민을 한 철학자 장자莊子가 있었다. 장자는 자신의 생각을 이야기를 통해 전달하는 데 능숙했다. 실제로 재미있는 이야기를 많이 남겨 지금도 자신의 생각을 우리에게 전달하고 있다. 그중에서 기업이 이해하기 익숙한 비즈니스 이야기, 송나라 상인*을 소개해보겠다.

송나라 사람이 '장보'라는 모자를 밑천 삼아 월나라로 장사를 갔다. 그런데 월나라 사람들은 머리를 짧게 깎고 문신을 하고 있어서 그런 모자를 필요로 하지 않았다.

짧지만 송나라 상인 이야기에는 기업이 지향해야 할 소통의 지혜가 담겨 있다. 이 이야기를 이해하려면 당시 송나라에 대한 지식이 필요한데, 춘추시대 송나라는 문화국가였지만 전국시대로 넘어가자 시대에 적응하지 못하고 과거의 유산에 얽매인 보수적 국가로 전락했다. 반면 월나라는 춘추시대에 새롭게 등장한 신흥국가였다. 모자를 쓰지 않는 시장에서 모자를 팔러 간 송나라 상인은 어떻게 해야 했을까? 강신주 박사는 다음과 같은 질문을 던진다.

송나라 상인은 월나라에 가기 전 송나라 사람들이라면 누구나 착용하는 모자를 월나라 사람들은 착용하지 않는다는 사실을 알고 있었을까?

• 송나라 상인 이야기의 전반적인 해석은 강신주 박사의 《장자, 차이를 횡단하는 즐거운 모험》(그린비, 2007년)을 참조하였다.

#7

고객을 알고자 하면
나를 부정하고,
나를 알고자 하면
고객을 부정하라.

_ 야생의 고객

정보 교류가 원활하지 않은 시대였기 때문에 송나라 사람이 월나라의 상황을 제대로 알기는 힘들었을 것이다. 나는 장자의 이야기를 통해 '기업은 사전에 리서치를 잘해야 사업을 할 수 있다'고 말하려는 것이 아니다. 오히려 송나라 상인 입장에서 생각할 때 '내가 전혀 예상하지 못한 낯선 상황이 벌어지는 것은 아주 자연스러운 일이다'라는 이야기를 하고 싶은 것이다.

시장에서 고객에 대한 정보가 없어 예상하지 못한 상황을 마주하게 되는 일은 지금도 여전히 벌어지고 있다. 기업은 당연히 잘 팔릴 줄 알고 신상품을 시장에 내놓지만 고객은 구매하지 않고 외면하는 상황은 전 세계 모든 기업이 언제나 마주해야 하는 자연스러운 현상이다.

고객이 모자를 쓰지 않는 낯선 상황에서 '자기긍정의 세일즈맨'은 낯선 상황을 부정하고 어떤 방법을 동원해서라도 판매할 것이다. 그러나 '자기부정의 마케터'는 오히려 낯선 상황을 인정하고 그 차이를 소통을 통해 해결한다. 자기부정이란 낯선 상황을 부정하는 것이 아니라 자기 자

	자기긍정의 세일즈맨	자기부정의 마케터
시각	현실을 의도적으로 긍정적 시각으로만 바라본다.	현실을 있는 그대로 바라본다.
신상품 판매 부진의 원인	제품을 이해하지 못하는 무지한 고객.	고객을 이해하지 못한 기업 자신.
행동 유형	상품이 팔리지 않는 낯선 상황을 부정하고 팔아낼 방법에 몰두한다.	상품이 팔리지 않는 낯선 상황과 그 차이(고객과 기업의 인식)를 인정하고 필요하면 사업 자체를 바꾼다.

신을 부정한다. '왜 고객은 우리의 모자를 쓰지 않을까?'라는 질문이 아니라 '우리의 모자가 팔리지 않는 이유는 무엇일까?'라고 질문한다. 월나라 사람이 모자가 필요 없다고 하면 자기부정의 마케터는 모자를 만드는 사업을 바꾸기까지 한다.

그러나 모자 사업을 하는 기업이 고객이 모자를 원하지 않는다고 하루아침에 사업을 접고 새로운 사업을 해야 할까? 원론적으로는 동의해도 현실적으로는 쉽게 동의하기도 납득하기도 어렵다. 적어도 머리로는 이해되지만 어떻게 그런 모험을 감행할 수 있을까? 이러한 고민을 통해 성장한 일본 기업 하나를 소개하겠다.

닌텐도가 말하는
영생의 소통 기술

1889년 일본에서 탄생한 닌텐도Nintendo는 120년이 넘는 기간 동안 사업을 지속해온 대표적인 게임회사이다. 닌텐도 DS, 닌텐도 wii 등 단순하지만 재미있는 게임기를 개발한 닌텐도는 전 세계 남녀노소에게 사랑받는다. 위기가 반복되는 비즈니스 시장에서 한 기업이 100년 이상 사업을 유지해왔다는 사실만으로도 참 대단한 일이다. 물론 120년 동안 늘 성공만 한 것은 아니다. 송나라 모자 상인이 월나라에서 마주친 것처럼 한때 잘 팔리던 상품이 팔리지 않는 등 위기도 많았다. 닌텐도는 어떻게 위기를 극복했을까?

닌텐도는 전자 게임기를 만드는 회사로 유명하지만 창업 초기 그들이 화투를 만들었다는 사실은 알려져 있지 않다. 그림에 소질이 있던 창업자 야마우치 후사지로는 화투라는 오락용 게임카드를 만들어 큰 성공을 거두었다. 변변한 놀이가 없었던 시절 일본 전역에 걸쳐 도박 수요가 급속하게 번져갔고 야마우치는 큰 행운을 거머쥘 수 있었다. 화투의 지속적 성공으로 트럼프에도 눈을 돌렸고 도박장의 성행에 따라 닌텐도는 계속 커나갔다.

가족기업인 닌텐도는 2대 회장을 거쳐 더욱 성장했지만 3대 야마우치 회장 때에는 시장의 변화로 위기를 맞았다. 3대 야마우치 회장이 앞으로 다가올 위기를 직감한 것은 일본 시장이 아닌 미국 시장의 현실을 통해서였다. 3대 야마우치 회장은 세계 최대 카드 제조사인 US 플레잉에 출장을 갔는데 당시 US 플레잉의 초라한 모습에 크게 실망했다. 세계 최고의 기업은 뭔가 다를 것이라 생각했지만 US 플레잉의 모습을 보고 그의 기대는 여지없이 무너졌다.

카드 제조업의 한계를 직시한 야마우치 회장은 닌텐도를 단순한 카드 제조회사로 만들지 않겠다고 다짐했고 일본으로 돌아와 신사업 개발에 몰두했다.

야마우치 회장이 신사업을 하게 된 동기는 고객이 더 이상 화투를 원하지 않을 때가 올 것이라는 설정에서 유효했고, 실제 화투 사업은 쇠락을 맞았다. 문제는 그다음이었다. 닌텐도는 리서치를 통해 고객이 원하는 새로운 사업을 시작했다. 신사업(즉석밥, 러브호텔, 택시)도 고객이 원했다는 측면에서 나쁘지 않은 선택이었지만 야마우치 회장은 고민에 빠졌다.

'고객이 원하는 사업을 했는데 왜 성공하지 못하는가?'

고심을 거듭하던 야마우치 회장은 드디어 해답을 찾아냈다. 다양한 신사업을 연구하던 야마우치 회장은 우연히 상품개발 부서에서 개발한 울트라핸드의 상품성을 직감하고 대대적인 마케팅 활동을 펼쳤다. 울트라핸드는 말 그대로 장난감 주먹을 간단한 조작으로 늘이고 줄일 수 있는 어린이 장난감이었다.

한 시즌에 120만 개나 팔린 울트라핸드의 성공으로 야마우치 회장은 비로소 닌텐도가 가야 할 방향을 찾았고 닌텐도가 어떤 회사여야 하는지 깨닫게 된다. 야마우치 회장은 그동안 닌텐도를 화투 제조 기업으로 생각했고, 고객이 화투를 원하지 않으면 화투가 아닌 다른 사업을 해야 한다고 믿었다. 그의 생각은 타당했지만 반은 옳고 반은 틀렸다는 것을 울트라핸드의 성공이 말해준다. 즉석밥, 러브호텔 그리고 택시 사업은 실패하고 왜 울트라핸드만 성공했을까?

닌텐도는 화투를 잘 만드는 것이 아니라 화투라는 '재미', 즉 엔터테인먼트를 잘 만들었던 것이다. 1대 회장도 사실은 화투를 잘 만들거나 그림에 소질이 있었다기보다 남들이 생각하지 못한 창의적 아이디어로 어른들을 위한 놀이와 재미를 만들어낸 것이다. 닌텐도는 우리에게 신사업의 방향성을 제시해준다.

'자기부정의 사고를 통해 당신의 사업은 무엇인지 깨달아라.'

고객이 핵심 사업인 화투를 원하지 않으면 과감히 포기하는 것은 기업 스스로 할 수 있는 자기부정이다. 그러나 고객이 원한다고 무엇이든 다해도 되는 것은 아니다. 닌텐도는 비록 시대의 변화에 따라 화투가 사라지고, 유행하던 장난감이 사라져도 자신들이 궁극적으로 잘하는 것은 고객이 좋아한다고 말했던 또는 눈에 보이는 화투나 장난감의 제조 능력이 아님을 알아냈다. 닌텐도가 잘했던 것은 고객에게 화투와 장난감을 통해 '재미'라는 가치를 잘 전달했다는 점이다.

닌텐도는 고객을 알기 위해 자신을 부정하여 고객과 소통하고, 자기를 알기 위해 고객을 부정하여 자신이 무엇을 잘하는지 깨달은 기업이다. 즉, 닌텐도는 자신이 잘하는 화투를 부정하고, 시장에서 수요가 충분히 있던 즉석밥, 러브호텔, 택시사업을 부정할 수밖에 없었고, 이런 자기부정을 완수했을 때 닌텐도는 자신이 '재미'를 만들어내는 기업임을 알게 되었다는 뜻이다.

다시 송나라 상인 이야기로 돌아가보자. 송나라 상인은 모자를 쓰지 않는 월나라에서 어떻게 해야 했을까? 먼저 월나라에서 살아야 한다. 어렵더라도 버텨내야 한다. 월나라에서 살아가며 그 나라 사람들이 왜 모자를 쓰지 않는지 알아내야 한다. 필요하면 자기부정을 통하여 모자 장사를 포기할 수 있다. 그렇다고 사업을 포기하라는 말은 아니다.

송나라 상인은 자신이 모자를 판매하는 것은 본질적으로 무엇을 판매하는 것인지 깨달아야 한다. 송나라에서 사람들이 모자를 쓰는 이유는 무엇일까? 송나라 사람들은 추위를 막기 위해서 모자를 구매했을까? 모자를 쓰는 것은 단순히 멋을 위해서인가? 특정한 집단이나 계급을 나타내는 것일까? 모자는 단순히 추위를 막는 의복을 넘어서 패션, 문화, 집단, 계급을 나타내는 상징일 수 있다. 이러한 설정이 사실이라면 송나라 상인은 단순히 모자 전문가가 아니라 패션, 문화, 계급 전문가이어야 하는 것

#8

지혜로운 기업은
자기를 부정하여
고객과 소통하고,
고객을 부정하여
자기와 소통하여
자기가 누구인지
깨닫는다.

_야생의 고객

이다.

월나라 사람도 인간이라면 송나라 사람처럼 패션, 문화, 계급을 드러내거나 표현하고자 하는 욕구가 있을 것이라 예상할 수 있다. 다만 드러내는 형식이 다를 뿐이다. 만약 그런 욕구를 표현하고 싶었으나 억눌려 있어 표현하지 못했다면 송나라 상인에게는 아주 큰 기회이다. 송나라 상인은 월나라 사람이 무엇을 통해 패션, 문화, 계급을 표현할 수 있을지 고민해야 한다. 송나라와 다른 문화를 가진 월나라에서는 문신일 수도 있고 목걸이나 귀걸이일 수도 있다. 그게 아니면 송나라 상인이 자신의 창의적 상품 기획력으로 월나라 사람들의 욕구를 자극할 새로운 상품을 만들 수도 있다.

월나라 고객이 송나라 상인이 가진 모자가 필요하지 않다고 말하는 것은 송나라 상인이 가진 모자가 필요하지 않다는 말이 아니다. 모자라는 형식이 마음에 들지 않았던 것뿐이다. 기업은 고객이 기업 자신의 제품을 구매하지 않는 낯선 상황에 직면했을 때, 겉으로 보이는 기업의 상품 경쟁력이나 핵심 역량을 포기하면 오히려 살아날 방법이 생길 수 있다. 이것이 지혜로운 상인의 자기부정이다.

노자와 장자가 본
현대 기업과 마케팅
—

　중국 춘추전국시대에 활동한 철학가 노자가 현대 기업에 대해 진단한다면 '고객은 잘 알지만 정작 기업 자신은 누구인지도 모른다'라고 말할 것이다. 중국에서 절대적 객관성이 아닌 상대적 객관성의 사유를 처음 제시한 노자는, 고객을 만족시키는 마케팅은 고객을 잘 아는 것이 아니라 기업 자신을 잘 아는 것에서 비롯된다는 새로운 관점을 제시한다.

　한편 장자가 현대 기업에 대한 진단을 한다면 현대 마케팅은 고객 니즈의 충족이 아닌 기업 니즈의 충족 활동이라고 말할 것이다. 현대 기업의 고객사랑은 양에만 집중한 내 멋대로의 사랑이다. 장자는 사랑을 양의 관점에서 평가하지 않는다.

　장자에게 사랑이란 '당신이 원하는 사랑'을 주는 것이 아니라 '타인이 원하는 사랑'을 주는 것이다. 장자의 사랑은 타인이 누구이고 그가 무엇을 원하는지 이해할 때까지 기다린다. 반면 현대 기업의 고객사랑은 기다림이 없다. 자기가 잘 만들 수 있는 상품을 만들어놓고 어떻게든 빨리 팔고 반응이 없으면 재빨리 자기 식대로 대응한다. 현대 기업에게 기다림이란 성실함이 아니라 게으름이다. 타인(고객)에 대한 이해란 사람의 차이를 인정하는 것이 아니라 나(기업)의 사랑(상품)을 일방적으로 이해시키는 것(광고) 정도로 생각한다.

노자와 장자는 고객을 알기 위해 자기를 부정하고 자기를 알기 위해 고객을 부정하는 닌텐도를 칭찬할 것이다.

◀彡 **노자와 장자의 질문**

노자와 장자가 당신 기업의 정체는 무엇이냐고 묻는다면 당신은 어떤 자기부정을 통해 대답할 것인가? 닌텐도의 사례를 참조하여 당신의 기업을 재정의하라.

닌텐도는 단순히 화투가 아니라 재미를 만드는 기업이다.

우리 기업 _____는 단순히 _____가 아니라 _____를 만드는 기업이다.

6장에서 기억할 것

—

중국의 철학자 장자는 송나라 상인을 통해 오늘날 기업에 무엇보다 필요한 소통의 중요성을 이야기한다. 송나라에서 잘 팔리던 모자를 새로운 시장인 월나라에서 판매하고자 했으나 월나라 사람들이 모자를 잘 쓰지 않아 난처해진 송나라 상인은 어떻게 해야 할까?

사실 제품이 새로운 시장에서 팔리지 않는 것은 당혹스러운 일이 아니라 오히려 당연한 현실이다. 이런 상황에서 자기긍정의 세일즈맨은 상품이 팔리지 않는 원인이 고객에게 있다고 생각하고 고객의 생각을 바꾸어 어떻게 해서든 제품을 판매하려 한다. 하지만 자기부정의 마케터는 팔리지 않는 원인이 자기에게 있다고 생각하여 자신과 고객의 변화를 이끌어내는 소통을 한다.

자기긍정의 기업은 자신의 핵심 역량으로 만들어낸 상품을 고객에게 강요하지만 자기부정의 기업은 아무리 제품이 좋아도 고객이 원하지 않으면 포기하는 자기부정의 태도를 보인다. 화투를 만들던 작은 기업에서 글로벌 게임 기업으로 성장한 닌텐도가 100년 넘게 생존한 이유도 표면적으로 보이는 '화투'라는 핵심 역량을 포기하는 자기부정과 이를 통해 '재미'라는 닌텐도의 보이지 않는 진정한 핵심 역량을 깨달았기 때문이다. 지혜로운 기업가는 고객을 알기 위해 자신을 부정하여 고객과 소통하고, 자신을 알기 위해 고객을 부정하여 기업의 진정한 존재 이유를 깨닫는다.

6장에서 우리는 야생의 소리를 듣는 기술을 알아보았다. 7장에서는 야생의 고객과의 첫 만남인 야생의 리서치에 대해 알아보겠다.

7

야생의 리서치, 소리를 듣지 말고
소리의 원인을 밝혀내라

마케터는 고객이 아는 것이 아니라
모르는 것을 묻는다

소크라테스가 그리스 법정에서 사형을 선고 받은 이유는 그리스 젊은 이들에게 단순히 '질문'을 하였기 때문이다. 소크라테스를 죽음에 이르게 한 '위험한 질문'의 특징은 상대가 모르는 사실을 깨닫게 하는 것이었다. 소크라테스는 그리스 젊은이들에게 질문을 퍼부었는데 질문을 받은 젊은이들은 소크라테스의 질문에 대답하면서 자연스럽게 자신이 알고 신뢰하던 사회나 정치의 가치 체계가 올바르지 않다는 것을 깨닫게 되었다. 이를 탐탁하게 여기지 않던 보수층에는 소크라테스가 눈엣가시 같은 선동가였고 끝내 그들은 소크라테스에게 죽음의 독배를 마시게 하였다.

역사상 가장 위대한 철학자 중 한 명인 소크라테스를 죽음에 이르게 할 정도로 세상에서 가장 '위험한 질문'은 상대가 아는 사실이 아니라 상대가 모르는 사실에 대해 묻는 것이었다. 마케터가 고객에게 던지는 질문도 소크라테스의 질문처럼 위험해야 하는데, 마케터의 질문도 사실상 고객이 아는 사실이 아니라 모르는 사실을 겨냥해야 하기 때문이다.

"마치 행사 기획자가 된 느낌이었어요."

중고가 웨딩 시장을 겨냥하는 토털 웨딩그룹에 차별화된 서비스를 제안하기 위해 컨설팅을 시작했지만 지난 3주간 우리는 구체적 방향을 잡는 데 어려움을 느꼈다. 하지만 결혼 1년 차 신혼인 홍진선 씨(가명)의 한마디로 우리가 고민하던 것 중 하나가 풀렸다. 고객은 물론 웨딩 업계의 전문가들에게 '어떤 차별화된 예식 서비스가 좋을까요?'라고 질문하며

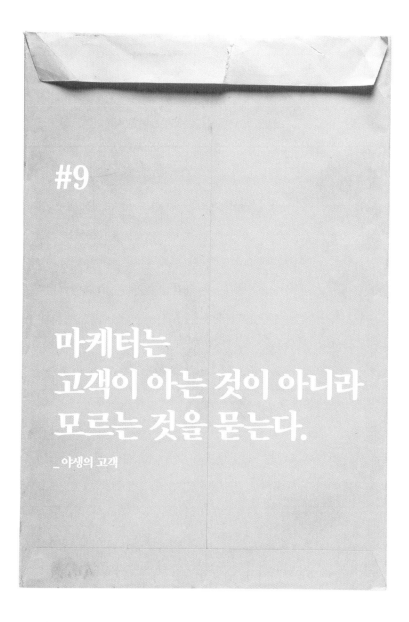

#9

마케터는
고객이 아는 것이 아니라
모르는 것을 묻는다.

_ 야생의 고객

야 생 마 케 팅 의

이 해

조사했으나 그들 대부분은 '럭셔리하고 화려한 호텔에서 하는 예식 같은 것이 아닐까요'라는 식의, 누구나 알 만한 다소 진부한(?) 답을 할 뿐이었다. 연예인이나 재벌가의 화려한 결혼식이 호텔에서 진행되는 것을 감안하면 그것은 당연한 결과였다. 그러한 답만으로는 방향을 잡을 수 없었다.

그러나 우리는 홍진선 씨의 답변을 통해 고객이 꼭 화려한 호텔 예식을 원하는 것은 아니라는 사실을 깨달았다. 그 이유는 중가 또는 저가 웨딩 업계의 관행 때문이었다. 웨딩 업계는 가격 경쟁이 치열하여 고객이 예상하지 못한 숨은 비용을 심심치 않게 끼워넣는다. 마치 저렴한 해외여행 패키지를 구매했더니 여행지에서 예상하지 못한 팁과 쇼핑, 입장료 등을 요구하는 것과 같다. 이런 관행은 비교적 충실한 서비스를 하는 중고가 웨딩 시장에도 나쁜 영향을 미쳤다.

'예식을 마치고 어떤 느낌이었습니까?'라는 질문에 '영화의 주인공이 된 느낌이었어요'라고 말하는 신부는 없다. 그들은 '마치 수능을 마친 기분이었어요' '행사 기획자가 된 느낌이었어요'라고 말한다. 이런 답변으로 우리가 깨달은 것은 신부들이 화려한 예식이 아니라 불안 없이 안심할 수 있는 예식을 원한다는 점이었다.

고객이 의식적으로 이미 알고 있는 사실을 조사하여 만든 결론은 진부해질 수밖에 없다. 그런 정보는 고객도 알고 경쟁사도 아는, 누구나 아는 것들이 대부분이다. 고객의 의식적 니즈는 고객이 원하는 진정한 니즈와는 관계없는 경우가 많다. 신부가 의식적으로는 공주가 되기를 원한다고 말하지만 막상 예식이 다가오면 공주가 아닌 행사 기획자·책임자의 위치가 되어 불안해하는 것이 전형적이다. 마케터는 애니메이션 영화 〈센과 치히로의 행방불명)에 나오는 대사처럼 고객이 경험했지만 스스로 의식하지 못하는 영역의 경험을 향해 위험한 질문을 차근차근 해나가야 고객의 의식 밑에 감추인 니즈를 찾을 수 있다.

경험한 것은 잊히지 않아. 단지 기억되지 않을 뿐이야.

당신이 업계에 존재하지 않았던 새로운 제품을 만들고 싶다면 고객이 모르는 사실에 대해 묻는 '위험한 질문'을 하는 것은 중요하다. 스티브 잡스의 말처럼 고객의 니즈를 밝히는 것은 고객이 스스로 할 수 있는 일이 아니라 기업이 해야 할 일이다. 같은 맥락에서 마케터의 질문은 소크라테스의 위험한 질문처럼 고객이 모르는 사실에 다가서야 하고 고객 자신도 알아채지 못한 영역을 건드릴 때 놀랍고도 위험한 상품을 만들어낼 수 있다.

고객이 구매한 상품의
what과 how가 아니라 why를 알아야 한다

매력적인 스포츠인 검도를 하려면 죽도로부터 몸을 보호하기 위해서 단단하고 육중한 호구를 착용해야 한다. 머리, 손, 팔, 가슴, 허리를 감싸주는 호구는 무게가 상당히 나가고 몸동작도 거북하게 하여 처음에는 착용하고 서 있기조차 힘들다. 호구를 착용한 지 얼마 안 된 아마추어 검도

인은 공격은커녕 피하기에도 바쁘다. 호구를 쓴 지 5일째 되던 날, 나도 온 힘을 다해 상대의 죽도를 피하고 있었는데 관장님이 나를 불러 다음과 같이 말하였다.

"죽도를 보지 말고 상대의 눈을 봐."

그제야 나는 어떻게 죽도를 피할 수 있는지 깨달았다. 내리치는 죽도의 움직임을 보고 피할 정도로 사람의 순발력은 뛰어나지 않다. 반면 사람은 공격하기로 마음먹으면 죽도로 내리치기 전에 이미 눈에 미묘한 변화를 일으킨다. 물론 고수들은 변화가 거의 없지만 일반 아마추어들은 그런 변화가 잘 드러난다. 따라서 죽도의 움직임을 이끌어내는 눈을 보면 상대의 다음 행동을 예측할 수 있다.

기업이 일반적으로 고객을 통해 얻는 정보는 고객이 어떤 특정의 상품을 구매했는지에 대한 무엇what과 어떻게how에 대한 것이다. 리서치가 고객의 행동을 예측하는 것이 목표라면, 리서치를 통해 고객의 행동을 예측할 수 있을까? 기업이 what과 how에 대한 정보를 얻어내는 것은 단지 죽도의 움직임을 따라가는 것과 같다. 이런 정보는 고객의 구매 결과를 묘사할 뿐이다. 고객의 행동을 예측하려면 구매 이유인 why를 알아야 하고 리서치의 목표도 why를 찾아내는 데 있어야 한다.

P&G의 종이 기저귀 브랜드인 팸퍼스pampers는, what과 how가 아니라 왜 why를 알아내야 하는지 설명해주는 좋은 사례다. 상업적으로 성공한 최초의 종이 기저귀 팸퍼스는 기저귀 업계 1위는 물론 쟁쟁한 소비재 브랜드를 거느린 P&G 안에서도 상당한 수익성을 자랑하는 효자 브랜드였다. 뛰어난 흡수력이 장점인 팸퍼스는 한동안 승승장구하였지만 하기

#10

**마케팅 리서치란
고객의 소리를
듣는 것이 아니라
고객이 소리를 내는 이유를
밝혀내는 것이다.**

_ 야생의 고객

스 같은 경쟁 브랜드의 품질이 좋아지자 고전하기 시작했다.

당시 P&G의 글로벌 마케팅을 담당하는 짐 스텐겔Jim Stengel이 팸퍼스의 회생을 위해 투입되었다. 팸퍼스의 장점인 제품력에는 문제가 없었다. 종이 기저귀의 기본 성능인 흡수력은 물론 편리성 등 전반적인 품질에서는 이상 징후를 발견할 수 없었다. 물론 경쟁사의 품질이 상대적으로 많이 올라와 과거와 같은 압도적 차별점은 없었지만 팸퍼스가 경쟁에 밀릴 정도로 제품력에 문제가 있는 것은 아니었다.

스텐겔이 이상 징후를 발견한 것은 나이 든 고객과의 대화에서였다. 나이 든 어머니 또는 할머니 세대는 팸퍼스에 대해 젊은 엄마와는 전혀 다른 시각을 가지고 있었다. 결론적으로 젊은 엄마들은 팸퍼스를 단순히 종이 기저귀로 인식한 반면 나이 든 세대는 팸퍼스를 일종의 파트너로 여겼던 것이다.

과거 천 기저귀를 써야 했던 시절의 육아는 굳이 설명하지 않아도 엄청난 육체적 노동이 수반되었다. 아이를 먹이고 입히기도 힘들지만 하루에도 10여 장씩 기저귀를 빨고 건조하는 일을 반복해야 했던 어머니들에게 종이 기저귀는 구세주와도 같았다. 그들은 팸퍼스를 단순히 종이 기저귀가 아니라 '자신들의 삶을 개선해준 고마운 파트너'로 생각하였다.

스텐겔은 이런 대화를 통해 과거 팸퍼스 고객이 왜 팸퍼스를 구매했는지 명확하게 깨닫게 되었고 그 시각으로 회사를 바라보니 회사의 문제점도 명확히 보였다. 예를 들면 팸퍼스 내에서는 남성 문화가 강해 육아의 고통과 마음을 이해하지 못했다. 팸퍼스의 고무밴드를 연구하는 남성 엔지니어는 고분자 공학에는 정통했지만 자기가 만든 고무밴드를 아이가 어떻게 느끼는지 알지도 못했고 관심도 없었다.

팸퍼스의 구매 이유를 명확히 인식한 스텐겔은 육아를 잘 이해할 수 있는 인원을 적극 채용했고, '엄마들이 아이의 성장에 관심이 있다'는 사실을 깨달은 팸퍼스는 성장단계에 맞는 다양한 제품을 새로 내놓아 시장에서 호평을 받았다.

팸퍼스 사례에서 우리가 배울 점은 좋은 종이 기저귀의 특징인 흡수력, 소재, 가격, 디자인이나 구매 장소에 대해 자세히 묻는 것은 고객 조사의 근본 목적과는 관계가 없다는 사실이다. 리서치의 목적은 고객이 제품을 구매하는 이유인 why를 알아내고 이를 제품에 반영할 때 비로소 올바른 효과가 나타난다.

마케터는 시장에서 현장 조사를 할 때도 상품 자체가 아니라 그 상품을 구매하는 고객이 왜 그 상품을 구매하는지에 더 집중하여야 한다. 2010년대 들어 배낭을 메고 다니는 학생과 직장인이 과거보다 급증했는데 이러한 이유는 홍대, 강남역, 테헤란로의 건널목 또는 지하철역에서 10분만 서서 사람들을 관찰하면 금세 알 수 있다.

아침 출근 시간 사람들은 모바일게임을 하거나 카톡을 하느라 손가락을 분주히 움직인다. 어떤 사람은 한 손에는 핸드폰을 또 다른 한 손에는 커피를 들고 있다. 가방을 들 손이 없으니 가방은 등 뒤로 갈 수밖에 없다. 따라서 최근 가방 시장에서의 가치는 '손을 자유롭게 하는 가방'에서 찾아야 한다.

이런 트렌드는 기존의 전문 가방회사보다 벨킨belkin(혹은 인케이스in-case) 같은 IT 액세서리 전문 브랜드에서 더 잘 이해하는 것 같다. 가방

상품의 특징인 흡수력을 기저귀의 수단이 아닌 목적으로 이해하면 실패한다. 리서치의 목표는 흡수력이라는 수단을 가진 기저귀를 왜 사용하는지 알아내는 데 있다.

#11

판매된 제품의 특징이
고객의 구매 이유를
설명하는 것은 아니다.

_야생의 고객

전문 브랜드에서는 배낭 이용 행태를 가방 시장의 트렌드 변화, 즉 what 이나 how로 이해할 가능성이 많다. 요즘은 예전과 달리 배낭 형태를 선호하니 배낭 디자인을 늘려보자는 식의 접근이다. 반면 벨킨 같은 IT 액세서리 전문 브랜드에서는 배낭의 구매 이유why가 가방 디자인의 변화가 아닌 스마트폰이 일으킨 라이프스타일 변화에서 유래된 것으로 이해한다. 즉, 배낭이라는 새로운 형태로서의 트렌드가 아니라 가방을 손에 쥐고 다니기 힘든 라이프스타일 변화로 이해하니 그 깊이가 다르다.

전문 가방회사에서 why를 보지 못하는 이유는 시장 조사가 what과 how에만 머물러 있기 때문이다. 보통 다음 시즌 신상품을 준비해야 하는 MD merchandiser(상품 기획자)와 디자이너의 주요 고민은 '다음 시즌 상품 뭐 만들지?'이다. 나 또한 MD 또는 디자이너와 시장 조사를 나가는데 그때마다 이들은 매우 분주하다. 다음 시즌 상품에 대한 세부적 아이디어를 고민하는 이들은 못 보던 상품이 있으면 타 산업 상품이라도 소재, 디자인, 기능, 가격을 꼼꼼히 분석하여 차용할 아이디어가 있는지 조사한다. 패션, 식음료, IT 등 업종에 관계없이 그들의 눈은 주로 상품의 디테일에 머무르는 것이다. 그래서 사진도 많이 찍고 해외에 갈 경우 다시 볼 수 없는 상품은 샘플로 구매하기도 한다. 그러나 구체적이고 분석적인 조사 방법에도 약점이 있다. 고객들이 좋아하는 상품의 특징은 자세히 알 수 있지만 고객이 왜 구매하는지에 대해서는 알 수 없거나 간과하기 쉽다.

반면 야생의 사고를 하는 상품 기획자나 디자이너는 상품을 유심히 보지만 세세히 분석하지 않는다. 상품을 보기보다는 그 상품에 관심을 갖는 사람들을 본다. 예를 들어 서울의 가로수길은 물론 뉴욕이나 도쿄, 런던의 A 브랜드 오프라인 매장에 가면 매장 상품이 아니라 매장 바깥에서 방문 고객을 본다. 고객의 옷차림새와 함께 움직임, 직원과의 대화를 통해 그들의 직업은 무엇이며 관심사와 가족관계를 상상하며 그들이 A 브랜드에 왜 왔는지 판단한다. 즉, '왜 사람들은 A 브랜드 상품을 좋아할까?' 하는 이유를 찾아내려고 애쓴다.

가로수길의 한 커피 전문점은 1리터짜리 대용량 아메리카노 커피를 개발하여 사람들의 주목을 끌었다. 어떻게 이런 기발한 생각을 했을까? 기존의 리서치 기법과는 다른 색다른 방법으로 기업에 신선한 아이디어를 제공하는 디아이디어그룹The Idea Group의 김은영 대표는 1리터 아메리카노 같은 신상품은 상품이 아니라 고객을 관찰해야 개발할 수 있다고 말한다. 이런 1리터 아메리카노는 전국의 커피 전문점은 물론 음료매장을 샅샅이 조사한다고 나오는 것이 아니라 시장에서 사람들을 관찰함으로써 아이디어를 발견해낼 수 있다.

몇 년 전부터 강남역이나 가로수길에서는 우리가 흔히 마시는 생수나 콜라 음료 사이즈인 500밀리리터가 아닌 1.5리터짜리 병을 들고 다니는 사람들이 보였다. 처음에는 체격 좋은 외국인을 중심으로 나타난 현상이지만 지금은 한국 사람들도 종종 집에서만 쓰던 큰 사이즈의 음료병을 한 손에 들고 다닌다. 다소 우스꽝스러운 이 모습을 지나치지 않고 같은 카테고리 내의 음료인 커피에 적용할 때 1리터 커피 같은 새로운 상품이 나올 수 있다.

시장 조사를 할 때는 나무가 아닌 숲을 보아야 고객의 구매 이유가 드러난다. 나무를 보는 것은 상품을 보는 것이기 때문에 새로운 상품을 개발하기 위해 시장 조사를 할 때에는 의도적으로 상품을 보지 말고 고객을 보아야 하는 것이다. 고객을 보아야 구매 이유를 알 수 있다. 고객을 시장에서 만나면 다음 두 가지를 신경 써서 보아야 한다.

첫째, 고객 여정customer journey을 알아낸다.

둘째, 고객 여정 가운데 고객이 구매한 것은 물론 고객의 갈망과 좌절을 보라.

고객이 당신의 매장을 방문하였다면 어디서부터 와서 어디로 가는지 알아야 한다. J 기업에서 관찰 조사 워크숍을 진행할 때였다. 그중 호기심 많은 L 상무와 관찰 조사팀이 관찰 조사를 해보니 "우리의 고객이 누구인지 이제야 알겠더군요"라고 고백하였다. 관찰 조사팀은 주말에 20대 여성 고객을 약 세 시간 남짓 따라다녔고 상품에 대한 것은 거의 조사하지 않았다. 그러나 한 명의 고객이 자사의 매장을 거쳐 어디로 가는지 그 여정을 따라 다님으로써 과거에 알지 못했던 정보를 얻었다.

또한 관찰 조사팀은 쇼윈도 앞에 서 있는 모습을 통해 고객의 갈망과 좌절을 보았다. 꽤 오랫동안 서 있었지만 왠지 모르게 고가인 그 브랜드의 상품을 그 고객이 앞으로도 한동안은 사지 못할 것 같다고 관찰 조사팀은 말했다. 시장 조사팀이 의아하게 여긴 부분은 그 고객이 의외로 간단히 식사를 하고 즐겁게 디저트를 즐기는 모습이었다. 그녀의 표정은 디저트를 먹을 때 가장 밝았다고 하였다. 디저트를 먹으며 표정이 밝았다는 것은 그녀의 실제 만족을 의미한다.

관찰 조사팀이 한 명의 고객을 관찰한 결론은, 고객은 자신이 특별하게

느껴지는 상품만 구매한다는 것이었다. 즉, 고객의 여정을 통해 '특별함'
이라는 고객의 구매 이유를 찾아낸 것이다. 과연 그 고객이 생각하는 특
별함이란 무엇일까? 세 시간의 관찰로써 그 고객이 생각하는 특별함이
정확히 무엇인지는 다 파악할 수 없더라도 적어도 관찰 조사팀은 그 고
객을 만족시켜주기 위해 품질, 가격, 편리성, 이미지라는 통상적인 잣대
가 아니라 그녀가 원하는 특별함은 무엇일까라는 새로운 정의를 도출해
낼 때 그 고객을 만족시킬 수 있다는 나름대로의 결론을 얻을 수 있었다.

　워크숍을 통해 좋은 품질, 대중적인 디자인, 비싸지 않은 가격이 주요
한 의사결정 기준이었던 J 기업에서는 고객이 시장에서 원하는 '특별함'
에 대해 새롭게 생각할 수 있는 시간을 가졌다. 함께 참석한 임직원들은
앞으로 어떻게 고객을 이해해야 하는지에 대한 새로운 시각을 갖게 된
것이다. 시장 조사를 할 때 상품을 보면 고객을 볼 수 없다. 고객의 여정
을 따라가서 그들의 표정과 함께 무엇을 구매하고 무엇을 갈망하며 무엇
에 실망하고 무엇에 만족하는지 살펴보기 바란다.

마케터의 질문은
사실과 오류를 함께 불러온다

　뉴턴의 고전물리학도 이해하기 어렵지만 우리가 인지하는 직관적 현
실과는 전혀 다른 이야기를 하는 양자물리학은 더 이해하기 어렵다. 고전
물리학에서 떨어지는 사과를 보고 지구가 물체를 잡아당기는 중력을 만

든다고 생각하는 것은 비교적 쉽게 이해할 수 있지만 양자물리학을 이해하려면 상상력이 더 필요하다.

양자물리학의 설명 중 이해하기 어려운 부분은 빛에 관한 것이다. 만약 과학자가 빛을 관찰할 경우 빛은 작은 입자로 행동하지만 관찰하지 않으면 빛은 입자가 아닌 파동으로 행동한다. 도대체 무슨 현상일까? 빛이 의식이 있어 과학자가 관찰할 때와 관찰하지 않을 때 이중성을 보이는 것일까? 현실 세계에서는 이해할 수 없는 이러한 사실을 대학에서 공부할 때는 잘 이해하지 못했지만 오히려 마케팅 업무에 종사하면서 현실에서도 있을 수 있다는 것을 체험하였다.

"뭐, 너무 좋다고 하는데 믿을 수가 없네요."

중국에서 한국형 쇼핑몰 개발 프로젝트를 컨설팅하는 후배는 현장 조사를 하는 김에 시간을 절약하기 위해 현지인들의 한국 상품 선호도를 즉석에서 알아보았다. 예정에 없던 일이었기에 간단한 질문지를 작성하여 몇 명의 고객에게 간단히 설문 조사를 하였다.

통계적으로 유의미한 숫자의 고객을 통해 설문을 진행한 것은 아니지만 후배는 자신이 한 설문을 스스로 믿을 수 없다고 이야기하였다. 왜 그렇게 생각하냐는 나의 질문에 그는 다음과 같이 대답하였다.

"전반적으로 한국 상품에 대한 선호가 있는 것은 사실이지만 문제는 통역을 쓰니까 제가 한국 사람인 줄 알잖아요. 처음 보는 사람이지만 마치 저한테 살짝 립서비스하는 느낌이었어요."

이는 고객 조사 현장에서 흔히 경험할 수 있는 현상이다. 처음 만난 사이이고 아무런 이해관계가 없으며 다음에 만날 일도 없지만 사람에게는 배려라는 문화 코드가 있어 질문에 정직하게 답변하기보다 상대가 원하는 답을 하는 경향이 있다. 우리는 리서치 질문을 통해 사실만을 얻어내려고 하지만 아쉽게도 리서치 질문은 사실과 함께 필연적 오류를 함께 적재한다. 결국 질문을 통해 얻어낸 모든 답은 사실로 받아들이기 어렵다.

심리학자들은 인간은 보통 질문을 받으면 솔직하게 이야기하기보다 질문자가 좋다고 하는 견해를 좋다고 말해준다고 한다. 현실 세계에서 자신의 견해를 정확히 밝히는 것은 일반적이 아니라 오히려 좀 더 특수한 경우에만 일어난다. 힘과 권력을 가진 어른 앞에서 아이가, 사장 앞에 있는 신입사원은 물론이거니와 팀장 앞에 선 팀원이, 갑 앞에서 을이, 무관심한 여자의 사랑을 구하는 남자가 자신의 견해를 자유롭게 이야기하지 못하는 것은 드문 현상이 아니라 오히려 일상적인 일이다. 도대체 우리가 자신에게 정직해본 적이 언제인지 기억하기 힘들 지경이다.

질문은 마케터가 고객 니즈를 알아내는 중요한 기술이지만 질문이 오류를 범한다면 질문하지 않고 리서치를 진행할 수 있는 대안이 필요하다. 가능할까? 미국의 디자인 컨설팅회사인 아이데오IDEO는 기계적 질문을 통한 오류를 피하기 위해 고객을 자연스럽게 관찰하는 리서치 방법을 사용하여 그들이 원하는 고객에 대한 정보를 얻는다.

일반적으로 어린이용 칫솔은 작게 만드는 것이 좋다는 게 업계의 상식이었다. 즉, 성인 칫솔보다 작은 솔기, 작고 얇은 손잡이가 어린이용 칫솔에 어울린다. 그러나 오랄비의 의뢰를 받고 어린이용 신상품을 기획한 아이데오의 생각은 달랐다. 아이데오는 어린이용 칫솔의 손잡이를 오히려 성인 칫솔보다 두껍게 만들어 소비자들에게 좋은 반응을 얻었다.

아이데오가 이런 창의적인 생각을 한 이유는 관찰 조사를 통해서였다. 아이데오는 새로운 상품을 기획하기 위해 아이들이나 아이들의 부모를 인터뷰하지 않았다. 아이데오는 질문을 해봐야 사실이 왜곡된다는 것을 알았기 때문이다. 아이데오는 수일 동안 어린이들의 칫솔질은 물론 그들의 손동작을 관찰한 결과 놀라운 사실을 발견하였다.

성인들은 칫솔을 마치 연필을 쥐듯 손가락을 활용하여 잡는 반면 손가락이 발달하지 않은 어린이들은 주먹 쥐듯 칫솔을 잡았다. 어린이는 성인이 무거운 망치를 손바닥으로 주먹 쥐듯 잡는 것처럼 칫솔을 쥔다. 망치의 손잡이가 두꺼울수록 쥐기 편하듯 어린이용 칫솔도 그렇다는 사실을 알아낸 것이다. 아이데오의 관찰 조사가 시사하는 바는 명확하다. 마케터의 질문은 사실과 함께 오류를 불러온다. 어설픈 질문을 하려면 아예 하지 마라. 그냥 고객을 지켜보는 것만으로도 더 좋은 결과를 얻어 낼 수 있다.

리서치 tool kit,
질문보다 관찰이, 관찰보다 사귐이 현실적이다

책을 읽으며 글을 쓴 저자가 무척 부러운 적이 있었다.《관찰의 힘》을 쓴 얀 칩체이스Jan Chipchase였다. 칩체이스는 전 세계를 돌아다니며 고객을 관찰하여 자신이 얻은 정보를 비즈니스에 적용하는 일을 하고 있다. 자연스럽게 고객을 만나는 그의 이야기는 영화〈인디아나 존스〉처럼 흥미진진하면서도 탁월한 전문성이 있다. 고객을 제대로 깊게 관찰하기 위해 기계적으로 질문하지 않고 하루 종일 자전거를 타고 골목길을 누비거나 지하철역 앞 카페에서 온종일 사람들을 관찰한다. 칩체이스의 삶이 부러울 따름이다.

관찰 조사는 참 좋은 툴이지만 기업에서 전문적으로 배우기도 어렵거니와 배운다 하여도 이를 효과적으로 진행할 시간, 예산, 인내력이 부족한 것이 현실이다. 연매출 500억 원 규모의 브랜드일지라도 0.1퍼센트 규모의 고객 조사 비용을 지불하기 꺼려 한다. 예산이 없어 무언가 스스로 해보려고 팀원이 관찰 조사를 위해 하루 종일 가로수길과 강남역에 나가겠다고 팀장에게 요구하면 빈둥빈둥 노는 걸로 여겨 보내주지 않는다. 그렇다고 관찰 조사를 포기할 수는 없다. 만약 관찰 조사를 공식적으로 제대로 하지 못하면 좀 더 현실적인 리서치 기술인 고객과의 '사귐'을 사용하면 된다.

사귐은 문화인류학자들이 인간을 연구할 때 쓰는 방법에서 영감을 받은 리서치 기술이다. 문화인류학자들은 자신과는 다른 사고방식과 문화를 가지고 있는 인간을 제대로 연구하기 위해서는 1년 이상 같이 살아야 한다고 주장한다. 타인의 진정한 모습을 함께 살 때 알 수 있는 것처럼 말이다.

문화인류학자들의 1년 이상 '같이 산다'는 말이 나에게는 조사한다기보다 '사귄다'는 말로 들린다. 사귐으로써 인류학자들은 제대로 타 문화의 인간에 대해 알아간다. 우리는 관찰 전문가는 아니지만 적어도 사귐 전문가이다. 인간이라면 누구든 가족, 친구, 동료와 사귀는 관계이다. 가족, 친구, 동료 들처럼 사귀면서 고객에 대해 알아가는 것이 '사귐의 기술'이다.

예를 들어 당신이 '만년필' 회사 직원이라면 당신의 가족, 친구, 동료는 '만년필'이라는 상품의 고객이거나 비고객이다.(상품을 사용하지 않는 비대상 고객으로서 직접적 매출을 일으킬 수 없으나, 비고객이 상품을 쓰지 않는 이유를 알아냄으로써 기업은 시장 확대의 기회를 찾을 수 있다) 만년필 고객에게는 사용 경험을 들으면 된다. 비고객에게는 만년필을 사용하지 않는 이유와 만년필 대신 사용하는 필기구에 대한 이야기를 들음으로써 새로운 기회를 발견할 수 있다.

리서치 기술로써 '사귐의 기술'은 실제 기업 안에서 알게 모르게 행해지고 있다. 예를 들어 기업이 신제품을 준비하는 중이고 이를 위해 과거 제품과 차별화하기 위해 신규 기능을 개발한다고 가정하자. 출시할 신제품의 이름도 새로운 기능을 잘 표현하면서도 고객이 기억하기 쉽게 만들어야 한다. 이런 상황에서 기업은 새로운 기능의 개발, 네이밍, 광고, 이벤트 등을 직접 준비하거나 외부에 의뢰한다. 많은 돈이 투자될 신제품이지만 시간과 예산에 쫓겨 출시 마지막에는 이름도 대충 짓고 넘어가기 일쑤이고 광고는 새로운 기능을 제대로 표현하지 못한다. 이런 일이 중소기업에서만 벌어지는 것은 아니다. 대기업이 모든 절차를 제대로 밟아가는 것 같지만 그들도 예산과 시간이 부족하기는 마찬가지이며 핵심적인 영역의 상품 개발에 대한 전문성은 있지만 전문적인 마케팅 역량이 떨어지는 것이 사실이다.

이런 경우에는 기업 안의 구성원들이 그동안 알고 있던 고객 정보를 바탕으로 '스스로' 문제를 해결해야 하는 현실에 직면한다. 스스로 문제를 해결할 때 과거 사귐의 기술을 통해 알아냈던 지식이 큰 힘을 발휘한다. 현장에서는 이런 일이 흔히 발생한다. 제품 개발이 좀 늦어지면 상품 개발 부서에서 제안한 몇 가지 새로운 방안을 두고, 고객이 무엇을 좋아할지는 여전히 모호한 가운데 막판에 결국은 개발 본부장이 생각하는 옵션으로 정한다. 고객 조사가 진행되지 않았으니 팀원들은 본부장에게 어떤 객관적인 반박도 하지 못한다.

문제는 이것뿐이 아니다. 상품의 기본 스펙은 확정됐지만 몇 달 후 출시를 앞두고 있는데 이름은 물론 대상 고객과 기본적인 홍보 기획안도 없다. 마케팅팀이 할 수 있는 일은 좋은 아이디어가 아니라 마감일 직전 퇴근하기 전까지 논의하던 마지막 아이디어로 진행하는 것뿐이다. 상품에 대한 디자인이나 컨셉이 확정되지도 않았는데 연예인을 급히 섭외한다. 당연히 광고에 출연하는 연예인은 신상품과 얼마나 어울리느냐가 아니라 회사 내부인들이 얼마나 호감을 갖느냐로 판단된다. 상품이 변하면 당연히 대상 고객도 변하고 이를 위한 마케팅 전략도 변해야 하지만 현장에서 이를 바로 바로 적용할 수는 없다. 이렇게 급박하게 준비하여 고객의 의사가 반영되지 않은 신제품이 출시되면 성공을 기대할 수는 없다.

평소에 미리미리 사귐을 통해 개인적으로 리서치를 해놓아 상품 개발 방향, 출시 후 마케팅 방향에 적용하는 게 현실적으로 좋다. 사귐의 기술 대상 고객은 당신이 만나는 모든 사람들이다. 가족, 친구, 동호회, 동창회, 종교 모임은 물론 심지어 직장 동료들도 그 대상이 된다. 그들과 만났을 때 다음의 태도를 기억하면 조사하기 쉽다.

사실을 취재하는 기자보다는 다큐멘터리 PD처럼 일상을 관찰하는 태도로 임하라.

기자는 상대에게 궁금한 것을 직접 물어보지만 다큐멘터리 PD는 상대가 스스로 질문하고 이야기하게 만든다. 9시 TV 뉴스에 등장하는 기자와 사람들은 자연스럽게 이야기하기 힘들다. 기자와 취재 대상은 일단 정자세를 취하고, 전 국민이 본다는 생각에 객관적으로 말하려고 노력한다.

반면 다큐멘터리 화면에서는 PD는 보이지 않고 보조적 역할을 한다. 자연스럽게 화면에 등장하는 주인공이 일상생활을 재연한다. 뉴스에서 다루는 객관적 설정은 다큐멘터리의 진실한 설정과는 큰 차이가 있다. 우리가 관심이 있는 것은 다큐멘터리처럼 진실한 설정이다.

기자처럼 명확하고 객관적인 대답을 요구하는 질문을 고객에게 하면 자신의 이야기가 아니라 사람들이 생각하는 객관적이고 올바른 대답을 하려고 노력한다. 특히 제품의 개별적 특징에 대해 호불호好不好를 물으면 고객은 고객처럼 답하지 않고 상품 기획자처럼 답하게 된다. 이보다는 제품 사용 경험을 편안하게 이야기하도록 하고 당신은 관찰하는 태도를 가져야 한다. 마치 당신은 CCTV를 보고 고객은 당시 상황을 재연하는 것처럼 말이다. 이야기가 끊기면 최소한 다음과 같은 유효 질문만 하면 된다.(사례를 통한 만년필 조사 예시)

(이상적 이미지 조사) 혹시 갖고 싶은 최고의 만년필이 있나요?

(관계 밀착도 조사) 만년필이 세상에 없다면 기분이 어떻겠습니까?

(구매 동기 조사) 귀찮은 만년필을 왜 사용하고 있나요?

(사용 동기 조사) 만년필을 사용하기 전과 후 혹시 변화가 있다면 무엇일까요?

사귐의 기술은 정보를 얻어내는 속도가 느린 단점이 있지만 어떤 리서치 방법보다 고객을 더 깊게 이해할 수 있게 해준다. 그리고 꼭 사귐의 결과를 상품이나 서비스에 적용하지 않더라도 이는 기업의 입문 교육처럼 기업의 고객이 어떤 사고방식을 하는지 알 수 있는 아주 기본적인 교육 툴이다. 고객과의 대면 자체만으로도 고객을 이해하는 데 도움이 된다.

내 첫 직장은 SK에서 주유소의 유통을 담당하는 계열 기업이었다. 신입사원 교육의 필수 코스 중 하나가 주유소에서 일주일간 근무하는 것이었다. 신입사원으로서 '내 직장은 어떤 곳인가'를 이해하는 데 몇 달간의 교육보다도 일주일간의 주유소 실습 경험이 더 도움이 되었다고 말하는 사람은 동기들 중 나만은 아니다.

수고한다고 팁까지 챙겨준 멋지고 따뜻한 고객도 있었지만 사은품이 마음에 안 든다고 주유원 간식인 초코파이를 뺏어가는 대단한(?) 고객도 있었다. 당시 나는 좀 더 색다르고 친절한 서비스를 제공하면 평생 고객을 만들 수 있다는 자신감이 생겼지만, 아무리 좋은 서비스를 제공해도 싼 가격과 많은 사은품이 없으면 만족시키기 어렵다는 사실도 배웠다. 고객과의 사귐은 마케팅 부서만의 일이 아니라 기업의 구성원이라면 누구나 알고 경험해야 하는 기술이다.

당신은 언제 당신의 제품이나 서비스를 직접 사용하는 고객을 만나보았는가? 만약 고객을 만난 지 6개월이 넘었으면 당장 책을 덮고 고객을 만나기 바란다.

7장에서 기억할 것

—

리서치의 목적은 고객이 구매한 상품의 특징이나 구매 방법을 알려주는 무엇what과 어떻게how에 관한 정보를 얻어내는 것이 아니라 고객이 구매한 이유why를 알아내는 데 있다.

why를 알아내는 가장 좋은 방법 중 하나는 경쟁사의 상품보다 고객을 조사하는 것이다. 1리터 아메리카노 상품의 개발 같은 것은 커피 전문점의 경쟁 상품을 조사한다거나 고객에게 묻는다고 알아낼 수 있는 아이디어가 아니다. 카페를 벗어나 같은 상권에서 고객이 들고 다니는 1.5리터 생수병과 콜라병을 들고 다니는 고객을 관찰함으로써 상품 개발 아이디어를 얻을 수 있었다.

마케터는 고객이 아는 것이 아니라 모르는 것을 질문해야 하는데, 이는 고객도 인식하지 못했지만 필요로 했던 감추인 니즈를 통해 새로운 상품이나 서비스를 개발하기 위함이다.

마케터의 질문은 진실과 함께 오류를 불러온다. 리서치의 목적은 고객의 진실을 알아내야 하는 것인데 고객은 의도했든 의도하지 않았든 당신이 질문하는 순간 진실을 이야기하지 않는다. 고객에게 무엇인가 알고 싶다면 기계적 질문보다는 관찰이, 관찰보다는 사귐의 리서치 기술이 더 현실적인 방법이다.

2부를 통해 우리는 기업의 고객 시스템 비만과 경쟁사 눈치를 보는 태도가 야생의 고객과 소통하지 못하는 주 원인이며, 기업이 야생의 고객과 소통하기 위해서는 자기긍정이 아닌 자기부정의 태도가 필요하다는 사실을 살펴보았다. 3부에서는 고객이 생각하는 야생의 사고방식을 이해하고 야생의 고객을 만족시키는 구체적인 기술에 대해 알아보겠다.

기업 경영은 기획, R&D, 디자인, 제조, 마케팅, 유통이라는

가치사슬상의 각 점을 경쟁력 있게 만드는 것이 아니라

점 사이에 아름다운 줄을 긋는 것과 같다.

3

야생의 사고와 마케팅 기술 : 기업의 실천

8

구매의 탄생과
브랜드

신상품은 수요의 변화가 아니라
생각의 변화로 구매된다

나는 매일 아침 아이폰의 알람이 울리면 침대에서 일어나 화장실로 향한다. 전기면도기로 면도한 뒤 세수를 하고 간단히 아침을 먹고 아내와 막 잠에서 깨어난 아이들에게 흐뭇한 미소로 인사한 후 집을 나선다. 아파트 엘리베이터를 타고 내려가 늘 지나던 길을 걸어가서 지하철을 타고 사무실에 도착해 동료들과 인사를 나눈다. 일어난 지 두 시간이 다 되어가지만 한 모금 마신 커피의 카페인이 몸과 뇌를 자극하고 나서야 무언가를 생각하며 일할 준비가 되었다고 느낀다.

그렇다면 나는 커피를 마시기 전까지 생각하지 않은 걸까? 나는 그렇다고 본다. 대부분의 남성들이 매일 아침 할지 말지 결정한 후 면도를 하는 것은 아니다. 지하철을 탈지 말지, 걸어가야 할지 말지 생각하고 결정하는 것도 아니다. 심지어 아침에 만난 동료에게 인사를 할지 말지 정하고 인사를 하는 것은 아니다. 사실 많은 직장인은 커피의 카페인이 몸 안에 들어가기 전까지 무엇인가 생각할 준비조차 되어 있지 못하다.

> 인간은 오직 문제가 닥쳤을 때만 생각한다. _존 듀이John Dewey

아침에 만나는 동료에게 인사를 할지 말지 일일이 결정한다거나 출근 길에 지하철을 탈지 버스를 탈지 자가용을 탈지 혹은 걸어서 올지 결정한다면 출근 전 이미 우리는 지쳐버려 정작 중요한 생각을 할 때 제대로 할 수 없을 것이다. 인간은 매우 효율적이어서 중요한 시간에만 생각을 하고 중요하지 않은 시간에는 습관적 행동을 반복할 뿐이다. 철학자 존 듀이의 말을 뒤집어 이야기하면 '인간은 언제나 생각하는 것이 아니라 때때로 생각한다'라는 결론을 내릴 수 있다.

인간이 늘 사유하는 것이 아니라 때때로 사유한다는 사실은 1등 상품이나 시장을 주도하는 2~3등 상품에게는 희소식이지만 시장을 주도하지 못하거나 이제 시장에 새로 나온 신제품에게는 재앙 같은 현실이다. 인간은 늘 사유하는 것이 아니다라는 논리대로라면, 고객은 어제 탄 지하철을 오늘도 타는 것처럼 새로운 제품을 구매하는 대신 어제 구매한 제품을 오늘도 구매할 것이다.

고객은 마트에서 장을 볼 때 콜라나 우유를 살까 고민하지만 어떤 우유나 콜라를 살지는 심각하게 고민하지 않는다. 매일우유보다 서울우유를 선호하며 펩시보다 코카콜라를 선호하는 고객은 특별한 일이 없는 한 서울우유와 코카콜라를 구매한다. 고객이 매일우유와 서울우유 중 하나를 선택하거나 펩시와 코카콜라 중 하나를 선택하는 일은 이미 오래전에 결정되었다. 브랜드 선호에 대한 선택을 한 이후에는 필요에 따라 습관적으로 구매를 하게 된다. 소수의 트렌드 세터가 아니라면 대부분의 고객은 음식, 패션, IT, 커피 등 다양한 구매 영역에서 자신이 선호하는 상품이 상당 부분 정해져 있다.

신상품을 개발한 기업에는 고객이 습관적으로 구매한다는 사실이 위기이며 이런 위기 상황을 극복하기 위해서는 고객 습관을 바꾸어야 한다. 결국 신상품의 성공은 습관적으로 제품을 구매하는 고객의 습관을 바꾸는 것에 달려 있다. 반면 1등은 고객의 구매 습관이 지속될 수 있는 편안한 환경을 제공한다. 그렇다면 고객은 어떻게 새로운 생각과 선택을 할 수 있을까? 인간이 언제 습관적으로 반복하던 자신의 행동을 새롭게 생각하고 바꾸는지 알아내면 우리는 신상품이 구매되는 '구매 탄생의 비밀'을 찾을 수 있다.

매일 자연스럽게 열리는 문은 인간에게 어떤 사유도 요구하지 않는다. 그러나 문이 열리지 않을 때 사람들은 생각한다. '왜 열리지 않을까?' 정시에 도착하는 지하철은 아무 사유를 요구하지 않지만 정전으로 지하철이 움직이지 않으면 사람들은 회사에 자신의 지각을 해명하기 위해 분주하게 문자를 보낸다. 즉, 인간은 평소에는 사유하지 않다가 문이 열리지 않는 특별한 상황, 즉 기대하지 않은 상황에 맞닥뜨릴 때 비로소 사유하고 새로운 행동을 취한다.

신상품 또한 고객에게 낯선 상황을 마주하게 하고 새로운 생각을 하게 만들어야 고객이 새로운 행동을 하여 구매로 이어질 것이다. 새로운 구매는 새로운 사고를 일으키는 낯선 상황을 만들어줄 때 실현된다.

그런데 낯선 상황을 만드는 것은 1등과 같아지거나 1등보다 잘하는 것에서 오지 않는다. 아무리 좋은 것이라도 뻔한 상식 수준의 이야기를 해서는 마트에서 무심코 카트를 밀고 가는 고객을 멈추게 할 수 없다. 새로운 구매를 일으키는 신상품 개발은 무언가 새롭게 만들어나가는 과정이 아니라 새롭게 고객의 사고를 바꾸어가는 과정으로 이해해야 한다. 성공하지 못한 대부분의 완성도 높은 신상품은 무언가를 새롭게 만드는 데 성공했지만 새로운 사고를 불러일으키는 데 실패한 상품이다. 고객이 가

#12

신상품의 구매는
낯선 상황을 통해
고객의 사고가
무사유에서 사유로
전환될 때 발생한다.

_야생의 고객

진 과거의 사고에 의문을 던지고 이를 넘어 새로운 구매로 이르게 하는 신상품 개발의 비밀은 무엇일까?

흰색의 A4 용지만큼이나 사무실에서 흔히 볼 수 있는 것이 커피믹스이다. 사무실은 물론 집 그리고 야외에서도 자주 이용하는 커피믹스를 우리는 습관적으로 구매한다. 습관적으로 아무 생각 없이 구매한다는 사실 때문에 커피믹스 시장에서 시장을 주도하는 1~3등은 오랜 기간 행복한 시간을 보내왔다.

이런 시장에서는 1등은 물론 2~3등도 특별한 일이 일어나기를 원하지 않는다. 습관적으로 고객이 구매하는 패턴을 지속시키기 위해 신제품은 과거의 제품보다 좋지만 기능이나 디자인 등 품질은 거의 비슷하거나 조금 나은 수준으로 출시한다. 고객이 지루해하지 않도록 약간의 변화만 주어야 하는 것이 경쟁자 모두를 위해서도 좋다. 의도했든 의도하지 않았든 품질은 과거보다 조금씩 좋아졌지만 차이를 느낄 만큼의 변화는 주지 않는 것이 서로에게 상책이었다. 적어도 커피믹스 시장에 프렌치카페가 나오기 전까지는 말이다.

프렌치카페는 커피믹스 시장에서 후발주자다. 프렌치카페가 고객이 습관적으로 구매하여 구매 변화가 거의 없는(시장 점유율 변동이 작은) 성숙된 시장에서 2등까지 치고 올라온 괴력을 발휘한 이유는 무엇일까? 프렌치카페에는 무엇보다 프림이 아닌 건강한 우유가 들어 있다는 장점이 있다. 그러나 우유를 커피에 넣어 먹는 습관이 특별한 사건은 아니다. 커피에 우유를 타서 먹는 일반적인 사실을 활용해서 만든 지극히 상식적인 제품이 왜 이런 반향을 일으켰을까?

프렌치카페는 제품력이 특별했다기보다 이를 소통하는 방식이 특별하였다. 만약 프렌치카페가 우유의 장점을 집중적으로 알렸다면 이렇게까지는 성공하지 못했을 것이다. 커피에 우유를 넣는 지극히 상식적인 일은 고객에게 새로운 생각을 불러오지 못하고 새로운 구매도 유도하지 못한다.

프렌치카페는 우선 고객을 낯선 상황에 맞닥뜨리게 한다. 프렌치카페가 주는 메시지는 '우리는 프림 대신 우유를 넣는다'라기보다 다음에 더 가깝다.

아직도 카제인나트륨이 담긴 커피를 먹고 있나요?

프렌치카페의 카제인나트륨 언급은 확실히 도발적이다. 프림은 건강에 좋지 않다는 문제의 원인이 카제인나트륨이라는 말이다. 고객 대부분은 카제인나트륨이 무엇인지 정확히 모르지만 실험실에서나 들을 것 같은 화학 용어인 카제인나트륨은 묘하게 건강에 좋지 않을 것이란 이미지를 확실하게 각인시키고 기존의 프림을 먹지 못할 음식으로 공격해버린다. 경쟁자들이 카제인나트륨의 무해성을 알리면 알릴수록 사람들은 더 카제인나트륨을 의심의 눈초리로 바라보고 프렌치카페는 광고비를 쓰지 않고도 카제인나트륨으로 이슈를 계속 만들어낸다. 그만큼 카제인나트륨이 고객에게 새로운 생각을 불러일으키게 했다는 증거이다. 이제부터는 고객에게 더 이상 카제인나트륨의 유해성 진위가 문제되지 않는다. 고객 누구도 께름칙한 이슈가 되는 식품을 먹으려 하지 않기 때문이다.

제가 이야기하는 것은
단순히 프림보다 우유가 좋다는 뻔한 사실이 아니라
카제인나트륨이 만들어낸 낯선 상황입니다.
낯선 상황에서 고객은 새로운 사고를 하고 이는
새로운 구매를 유발합니다.

마트의 커피 진열대에서
태희 언니와 저는 사이 좋은 이웃이지만
우린 전혀 다른 이야기를 하죠.
전 커피는 원두가 중요하다고 생각하지만,
언니는 저와 전혀 다른 생각을 하죠.

카제인나트륨으로 '기존의 프림에 의문을 갖게 하다', 바로 여기에 프렌치카페 마케팅의 비밀이 숨어 있다. 우유가 좋다는 지극히 상식적인 사실은 고객에게 아무런 사유를 요구하지 않는다. 반면 들어본 적도 없는 낯선 단어인 카제인나트륨은 고객에게 다음과 같은 생각을 불러일으킨다. '지금 내 습관이 문제가 있다는 것인가? 바꿔볼까?' 프렌치카페는 새로운 생각의 지진을 고객의 머릿속에 만들어낸 것이다.

생각의 지진을 만드는 신상품은 두 가지 특징이 있다.

첫째, 기존의 전통적인 생각을 부정한다.

기존의 아이디어를 부정하면 고객의 생각에 지진이 일어난다. 실제로 기업 내부에서는 신상품 기획을 새로운 것에서 시작하기보다 기존의 생각을 부정하는 데서 시작한다. '○○가 아닌'의 사고방식은 기존의 아이디어를 부정하는 것이니 훨씬 구체적이고 창의성이 덜 요구되어 아이디어를 내기 편하다.

우리가 알고 있는 대부분의 변화는 기존의 상식을 부정하면서 일어났다. 코페르니쿠스는 지구가 태양 주위를 돈다고 생각함으로써 종교로 우주를 규명하던 기존 상식을 부정했다. 과학으로 우주를 규명해냄으로써 인간의 사고를 확장시킨 것이다. 무언가를 부정하는 것은 새로운 것의 탄생과도 같다.

당신이 팀장이라면 팀원에게 막연하게 '좋은 신상품 아이디어 가져오세요'라고 말하지 마라. 너무 막연하여 팀원들은 어찌할 바를 모른다. '기존의 커피믹스는 커피, 프림, 설탕으로 구성되어 있는데 이런 구성을 파괴하는 신상품 아이디어 가져와보라' 하고 요청해야 한다.

팀원들은 프림이나 설탕이 없는 커피믹스 같은 단순한 아이디어는 물론 유기농 설탕이 들어간 건강 믹스커피, 중동의 향신료가 들어간 새로운 배합의 중동커피 등 기존에 볼 수 없었던 아이디어를 가져올 것이다. 디자인이나 포장을 통한 신상품을 개발할 수도 있다. 길쭉한 커피믹스 포장과는 다른 디자인의 커피믹스, 사무실이나 가정에서 먹는 일상적인 커피가 아닌 특별한 곳에서 먹을 수 있는 특별한 커피믹스처럼 기존의 생각을 구체적으로 적고 이를 부정하는 신상품 개발 아이디어를 생각하는 것이 현실적이다. 당신이 속한 산업에서 전통적으로 생각하는 아이디어는 무엇인지 정리하고 그것을 부정해보라.

세상의 모든 새로운 것들은 무엇인가를 부정하는 것에서부터 시작되었다.

둘째, 새롭고 낯선 대안을 제시한다.

프림이 단순히 몸에 좋지 않다는 사실을 넘어 카제인나트륨이 문제의 원인이라는 새롭고 낯선 사실을 제공함으로써 고객은 당신의 신상품에 관심을 갖게 된다. '늘 먹던 프림은 건강에 좋지 않아'라는 상식적 이야기가 아니라 '문제의 원인은 카제인나트륨이다'라는 고객이 몰랐던 낯선 사실 그리고 이에 대한 증거(카제인나트륨)를 제시하면 고객은 관심을 갖기 시작하고 생각 없이 구매하던 자신의 행동에 의문을 갖게 된다.

고객은 낯선 상황에서 새로운 의문을 갖고 그때 기업이 제시한 대안을 받아들인다. 서울대를 나온 똑똑한 연기자 김태희는 단순히 프렌치카페가 우유가 들어간 커피라서 좋다고 말하지 않고 다음과 같이 말한다.

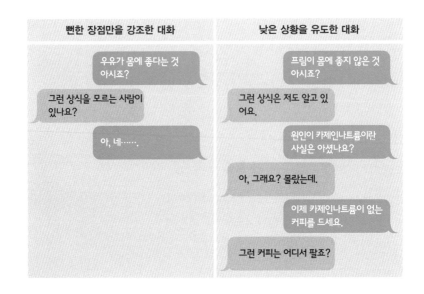

뻔한 장점만을 강조한 대화	낮선 상황을 유도한 대화

뻔한 장점만을 강조한 대화

> 우유가 몸에 좋다는 것 아시조?

> 그런 상식을 모르는 사람이 있나요?

> 아, 네…….

낮선 상황을 유도한 대화

> 프림이 몸에 좋지 않은 것 아시조?

> 그런 상식은 저도 알고 있어요.

> 원인이 카제인나트륨이란 사실은 아셨나요?

> 아, 그래요? 몰랐는데.

> 이제 카제인나트륨이 없는 커피를 드세요.

> 그런 커피는 어디서 팔조?

프렌치카페는 우유가 몸에 좋다는 뻔한 상식—우유를 넣은 건강한 커피—을 강조하여 성공한 것이 아니다. 건강에 좋지 않은 원인이 카제인나트륨이라는 낯선 상황을 유도함으로써 고객 스스로 의문을 갖게 하고 자연스레 구매를 유도한다. 이와 같은 맥락에서 당신이 개발한 신상품과 신규 프로젝트는 어떤 낯선 상황을 유도하는가?

- 낯선 상황 제시: '아직도 카제인나트륨이 든 프림을 드세요?'라는 메시지로 기존에 먹던 프림에 의문을 던진다.
- 대안 제시: '카제인나트륨이 없다=건강한 커피'라는 공식을 통해 프렌치카페는 독특한 상품이 아니라 당신의 건강을 위한 커피라는 대안을 제시함으로써 자신의 이야기를 마무리한다.

브랜드는 메시지를 담는 언어 체계처럼 만든다

금융 투자 업계에 종사하는 남성들의 옷차림은 마치 유니폼을 입은 것처럼 비슷하다. 잘 다려진 흰색 셔츠에 네이비 또는 짙은 회색의 투 버튼 슈트suit 그리고 잘 닦인 검정구두를 신는다. 얼핏 넥타이는 자유로워 보이지만 이 또한 소재나 색상이 일정 범위의 규정을 넘어서는 일이 없다. 이들이 자유롭게 선택할 수 있는 것은 손목시계 정도이다. 그러나 용돈이 넉넉한 이들이 선택하는 시계는 고급스러운 명품 브랜드 몇몇으로 한정된다.

구조주의 철학자 롤랑 바르트Roland Barthes는 어느 누구도 옷을 아무렇게나 입지 않는다고 말한다. 바르트의 말을 빌리자면 금융 투자 업계이 남성들이 슈트를 입는 것은 추위를 피하고자 함이 아니다. 거대 규모의 투자를 유도해야 하는 그들에게 슈트는 전문성과 신뢰의 상징이다.

그들이 자신의 투자 성과를 통해서만 무엇인가를 이야기하는 것은 아니다. 슈트를 통해서도 무엇인가를 이야기한다. 액세서리까지 완벽한 슈트 차림새는 '주어＋목적어＋술어'에 의해 완성된 문장처럼 자신들만의 문법이 있다. '저는 믿음직한 투자 전문가입니다'라는 말을 옷차림을 통해 하는 것이다. 그들은 슈트를 마치 이야기하듯 입는다.

이런 복장의 문법은 잘 갖춰 입은 슈트에만 적용되는 것은 아니다. 옷차림에 무심해 보이는 10대나 20대 청년들이 입는 찢어진 청바지에도 정교한 메시지와 문법이 있다. 해어진 반팔 티셔츠, 찢어진 청바지 그리고 흰색의 컨버스 운동화가 해어질 정도로 낡아 보인다면 '나는 자유로운 영혼이야'라는 점을 강하게 말하는 것이다.

만약 그들의 청바지가 누디진Nudie Jeans이면 문법은 좀 더 복잡하다. 평범해 보이는 누디진의 관리법은 결코 평범하지 않다. 일반적 세탁 방식과는 달리 누디진의 고객은 첫 구매 후 최소 6개월, 보통은 1년 이상 세탁하지 않는다. 3년간 세탁을 하지 않는 고객들도 많다. 그들의 첫 번째 세탁은 좀 유별나다. 자신의 청바지가 무심하고 평범해 보이기 위해 오랜 기간 세월의 자국을 서서히 만들고 그 세월의 자국이 만들어진 다음 비로소 세탁을 한다. 그 흔적을 제대로 간직하기 위해 세제 사용을 최대한 절제하여 손세탁을 하고 조심스럽게 말린다.

누디진은 세심하게 관리해서 무심하게 입는 청바지이다. 누디진의 고객이 말하는 것은 무심한 패션이지만 그들이 패션을 대하는 태도는 전혀 무심하지 않다. 오히려 슈트를 입는 룰보다 더 까다롭고 정교하다. 슈트를 깔끔하게 차려입은 40대 중반의 투자 은행 임원과 무심하게 찢어진 청바지에 흰색 티셔츠와 해어진 운동화를 신은 20대 청년 모두는 자신들

LOVE
1.5cm
금속 링

메시지(언어)

기능

만의 패션 문법을 갖고 무언가를 이야기하는 것이다.

이렇듯 고객은 상품을 오로지 기능적 속성 때문에 구매하는 것은 아니다. 고객은 상품이 가진 기능과 함께 메시지를 구매한다. 예를 들면 결혼반지는 단순히 지름 1.5센티미터의 금속 링이 아니다. 거기에는 'I LOVE YOU'라는 메시지가 담겨 있고 그 메시지가 결혼반지의 주된 존재 이유이다. 반면 망치는 못을 박는 기능적 속성이 주된 이유이다. 못만 잘 박으면 좋은 망치로 교환이 된다. 오늘날 상품이 교환되는 형식은 기능적 속성이 중시되는 망치보다 메시지 전달성이 중시되는 결혼반지 형태가 많다.

메시지의 전달성이 강한 상품을 고객은 브랜드라고 말한다. 나일론보다 가죽의 경제적 가치가 높지만 명품 나일론 가방 브랜드는 일반 가죽 가방보다 훨씬 가격이 높다. 명품 나일론 가방의 메시지 전달력이 훨씬 강하기 때문이다. 오늘날 시장에서는 상품보다 브랜드의 교환이 더 빈번하게 일어나는데 두 개의 교환 방식에는 상당한 차이가 있다.

상품은 경제적 교환 체계를 따르는 반면 브랜드는 언어적 교환 체계를 따른다. 즉, 브랜드는 메시지를 전달하는 언어와 같다는 말이다. 사람들이 언어를 안다는 것은 언어의 문장이나 규칙을 안다는 것이다. 그래서 브랜드는 자신만의 고유한 문법이 있고 자신만의 독특한 문법을 통해 메시지를 전달한다.

신사동 가로수길에 위치한 빵집 '르 알라스카' 브랜드는 자신만의 언어적 문법 체계를 잘 갖추고 있다. 맛있는 프랑스 빵을 제공하는 르 알라스카가 좋은 재료와 전문 제빵사 그리고 자신만의 특별한 레시피를 가지고 있다고만 이해하는 것은 르 알라스카를 상품적인 경제 가치로 여기는 것에 지나지 않는다. 르 알라스카는 단순히 맛 좋은 빵집을 넘어서 프랑스 프로방스의 이국적 특별함과 함께 편안함을 연출하여 이것이 빵 맛과 조화를 이룬다. 이 조화는 르 알라스카가 가진 브랜드 언어 체계를 통해 전달된다.

르 알라스카에 들어서면 무심한 듯 에펠탑이 새겨진 프랑스산 밀가루 포대가 놓여 있다. 식자재 창고에 있어야 할 밀가루 포대가 매장 전면에 배치된 것은 관리가 되지 않아서라기보다 의도적인 연출이다. 무심하게 놓인 밀가루 포대는 찢어진 청바지를 입은 청년처럼 정교한 의미를 전달하는데, 이는 제빵사가 프랑스 출신이거나 적어도 프랑스에서 제빵 기술을 배웠다는 전문성을 말해준다. 프랑스 요리학원의 자격증을 잘 보이는 벽면에 걸어놓는 것보다 훨씬 세련된 방법이다.

밀가루 포대를 지나면 매장 전체에서 고소한 빵 굽는 냄새와 다양하고 풍성하게 진열된 빵들이 고객의 후각과 미각을 자극한다. 시야를 돌리면 넓은 주방이 보인다. 안이 훤히 보일 정도로 시야가 트여 있어 여러 명의 제빵사가 정성스레 빵을 만드는 과정을 직접 확인할 수 있다. 고객들이

르 알라스카는 자신만의 독특한 문법 체계를 가지고 있다. 에펠탑이 선명하게 그려진 밀가루 포대를 식자재 창고가 아닌 정문에 배치함으로써 자신이 어떤 브랜드인지 말하는 언어 체계의 도구로 활용한다.

앉아 있는 테이블 공간보다도 더 넓어 보이는 주방은 좌석 수를 많이 늘려 매출을 올리는 것이 아니라 제대로 만드는 빵집이라는 인상을 준다. 밀가루를 반죽해서 만든 빵을 오븐에 구워내고 구워낸 빵의 열기를 식히며 그것을 선반에 직접 올리는 모습을 자연스레 연출함으로써 빵이 맛있다는 것을 시각적으로 설득한다.

어중간한 시간에 가면 빵이 다 팔려 낭패를 볼 수도 있다. 비어 있는 빵 선반은 상실감을 주기도 하지만 그 이면으로 이 집 빵은 금방 만들어 파는 신선한 것이라는 의미를 전달한다.

직원들은 제빵 모자는 물론 제빵사 복장을 제대로 갖춰 입어 제빵사가 정성스레 빵을 만드는 과정을 투명하게 보여줌으로써 빵 맛에 전문성을 부여한다. 복장과 관련된 흥미로운 점은 계산하는 직원의 복장이다. 계산대에 있는 일명 캐셔의 복장은 주방의 제빵사 복장과 같다. 사실 그 사람이 캐셔인지 제빵사인지 구분이 가지 않는다. 제빵 모자까지 제대로 갖춰쓴 그녀는 계산보다 빵을 만드는 데 더 능숙해 보인다.

의도했든 의도하지 않았든 르 알라스카에서는 빵을 만드는 사람은 물론 빵을 진열하고 계산하는 사람 모두가 빵 전문가이지 돈을 세거나 서비스를 하는 것은 아니라는 메시지를 전달한다. 조금 과장하자면, '나는 빵 선생님이야. 돈을 계산하는 것에는 무심하지. 빵 만드는 것에만 관심이 있어. 우리 집 빵 맛은 최고야'라고 말하는 것 같다.

브랜드와 상품의 차이가 무엇이냐고 간혹 질문을 받는데, 브랜드와 상품의 차이를 품질이나 가격, 역사에서 찾는 것은 외적인 모습으로만 구별하는 것이다. 메시지를 전달하는 자신만의 언어 체계가 있다면 브랜드이고, 기능적 가치에만 충실하면 그것은 상품이다. 이는 기업을 경영하는 경영자의 태도에 직접적인 영향을 미친다. 상품은 '무엇을 만들까?'라는 질문으로 사업을 하는 것이고, 브랜드는 '어떤 메시지를 전달할까?'라는 질문을 통해 사업을 하는 것과 같다. 당신은 상품을 만들고 있는가? 아니면 브랜드를 만들고 있는가?

브랜딩 기술,
별의 집합이 아니라 별자리처럼 만들어라

만약 언어의 문법을 모르면 이는 별자리에 대한 지식 없이 별자리를 보는 것과 같다. 별자리를 볼 줄 모르는 사람에게 별자리는 별의 집합으로 보이지만 별자리를 아는 사람들은 별을 '곰' '사자' '백조'로 인식할 뿐만 아니라 그와 연관된 이야기를 상상하고 기억한다. 사람들이 별을 보고 별자리의 이야기를 떠올리듯 고객은 브랜드를 보고 브랜드의 이야기를 그려낸다. 예를 들어 남자들의 로망 할리데이비슨Harley-Davison은 한 마리의 '야생마'이다. '할리'라는 애칭으로 불리는 프리미엄 오토바이 할리데이비슨은 일종의 교통수단이지만 어느 누구도 할리를 그저 'A 지점에서 B 지점'으로 이동하기 위해서 타지 않는다, 할리는 어디를 가기 위해서 타는 것이 아니라 타기 위해서 어디를 가는 오토바이이다.

할리는 남자들의 건전한 일탈을 상징한다. 가죽점퍼를 입고 두건을 쓰고 체인을 달고 다니는 중년 남자의 모습에서 살짝 조폭의 기운이 느껴

#13

상품은
요소의 완성도를 높이고
브랜드는
요소의 관계를 통해
이야기를 만드는 것과 같다.

_ 야생의 고객

지지만 할리의 소유주는 조폭과는 거리가 먼 회계사, 의사, 변호사, 대기업 임원, 자영업자 등 모범적인 남성들이다. 일생을 너무 평범하게 살아온 남성이 어느 날 문득 사춘기 소년처럼 인생의 회의를 느낄 때 다소 과격해 보이지만 건전하게 선택하는 취미가 '할리'이다.

현대 사회는 남성에게 여성성을 요구한다. 직장에서는 친절한 남자, 가정에서는 가정적인 남자를 요구하고 이런 남자가 대우받는다. 그러나 남자에게는 원초적인 남성성에 대한 갈망, 즉 마초적 본능이 있는데 이런 것들은 감춘다고 감춰질 수 있는 것이 아니다. 할리는 이런 남자의 욕구를 제대로 이해하는 브랜드이다.

할리를 타는 것은 단순히 오토바이가 아니라 남성의 마초적 본능을 밖으로 표현한 한 마리 야생마를 타는 것과 같다. 즉, 고객은 본질적으로 오토바이가 아닌 한 마리의 '야생마'를 타기 위해 할리를 타는 것이다. 사람들이 일곱 개의 별을 보고 큰곰자리를 떠올리듯 고객은 할리를 보면 프리미엄 오토바이가 아니라 야생마를 떠올린다.

오토바이를 타는 것이 아닌 야생마를 타는 것 같은 경험을 고객에게 주기 위해, 할리는 오토바이가 아니라 한 마리의 야생마처럼 만들어낸다. 섹시한 디자인, 부릉부릉하는 매력적인 시동 소리, 장인의 손길이 느껴지는 완성도 높은 품질을 가졌지만 이것만이 할리를 규정하지는 않는다. 할리를 규정하는 것은 각각의 요소의 관계가 만들어낸 야생마라는 그림이고, 이를 통해 만들어진 멋진 이야기이다. 할리는 오토바이를 디자인한다기보다 야생마를 디자인하듯 디자인하고 공장에서 만들어진다기보다 야생마를 키우듯 세심하게 만든다. 고객은 오토바이를 타는 것이 아니라 야생마를 키우듯 따뜻한 손길로 할리를 대하고 말 타듯 할리를 타고 다닌다. 프리미엄 오토바이 만들 듯 할리를 만들었다면 할리 같은 브랜드가 될 수 없었을 것이다.

좋은 상품을 만든다는 것은 디자인, 품질, 편리성, 가격 등과 같은 핵심 요소의 경쟁력을 높이는 것이다. 핵심 요소의 경쟁력을 높이는 방식은 별 일곱 개가 모인 별자리에 별을 하나 더 보태 여덟 개로 만들거나 별의 밝기를 높이는 사고방식과 같다. 그러나 별이 아무리 밝아도 이야기가 없다면 어떤 사람이 그런 별자리에 관심을 갖겠는가? 별의 경쟁력을 높이는 것은 좋은 별자리가 되는 것과는 사실상 아무 관련이 없다.

반면 브랜드는 요소의 관계를 통해 이야기의 그림을 만들어나간다는 관점에서 브랜드의 개발 방식은 상품의 개발 방식과는 다르다. 상품 개발이 경제적 가치나 요소의 완성도에 중점을 둔 반면 브랜드의 개발 방식은 메시지를 언어로 풀어내는 데에 방점을 둔다.

기업 구조에서도 브랜드는 상품과는 전혀 다른 조직 구조를 요구한다. 무엇이든 쪼개고 구분하기 좋아하는 서양인들은 기업 경영 구조도 쪼개서 발전시켜왔다. 쪼개진 기업의 가치사슬 구조에서는 구성원들의 업무가 분업화되고 전문화될수록 좋은 상품을 만들어내는 데 적합하지만 이는 브랜드를 만들어내는 것에는 적합하지 않다. 브랜드를 만드는 조직은 분석하고 쪼개는 서양식 사고보다 전체는 부분을 반영하고 부분은 전체를 반영하는 동양적 사고방식에 더 어울린다.

상품적인 측면에서 좋은 빵은 좋은 재료, 좋은 레시피, 좋은 제빵사, 좋은 매장, 친절한 직원을 조합하면 쉽게 만들어진다. 그러나 브랜드는 이야

W로 보이는 다섯 개의 별이 옛사람들에게는 여자로 보인 이유는 무엇일까? 별자리의 이야기를 알고 있는 옛사람들은 5~10개의 별로 이루어진 별자리를 통해서 곰, 물고기, 염소를 상상하여 그려냈고 그들의 기억 속에 영원히 남겨두었다. 이와 마찬가지로 할리의 고객은 오토바이를 보고 한 마리의 야생마를 떠올린다. 할리는 고객의 마음속에 강력한 별자리가 된 것이다. 당신의 고객은 당신의 브랜드를 보면서 어떤 그림과 이야기를 떠올리겠는가?

기를 먼저 하고 그 이야기에 맞는 요소들을 긴밀히 연결한다. 르 알라스카의 성공 요소들인 무심히 놓인 밀가루 포대, 환히 보이는 주방, 제빵사 모자, 빵이 팔려 텅 빈 선반이 주는 상실감과 그 이면의 신선함이 하나의 줄로 긴밀하게 연결된다. 마침내 고객이 빵을 한 입 베어 물었을 때 프랑스 프로방스의 어느 마을에 있는 맛있는 빵을 먹는 경험을 떠올리게 하는 것이 오늘날 기업을 경영하는 방식이며 그 주된 결과물이 브랜드이다.

브랜드는 직원들에게도 상품 경제와는 다른 것을 요구한다. 상품 경제에서는 전문성을 요구하지만 브랜드에서는 전문성만을 요구하는 것이 아니다. 브랜드는 브랜드가 전하는 메시지를 충실히 수행하는 브랜더 brander가 되라고 요구한다. 앞에서 언급한, 팸퍼스의 고무밴드를 연구하는 남성 공학도가 좋은 사례이다. 최고로 신축성 있는 고무밴드를 만들어내도 고무밴드가 엄마들의 육아 파트너로서 인식되는 데 도움이 되지 않으면 브랜더로서는 실패한 것이다. 자신의 전문성을 극대화하기 전에 브랜드에 근무하는 브랜더들은 자신이 그릴 그림이 무엇인지 명확히 인식해야 한다.

기업에서 브랜드 교육을 실시해서 얻는 가장 본질적인 효과는 브랜드에 대한 더 많은 지식이 아니다. 평소 마케팅에는 관심 없었지만 타 부서 동료들과 함께 브랜드 교육에 참석한 엔지니어 혹은 개발자는 그들이 왜 마케팅 부서와 긴밀히 이야기하여야 하는지 깨닫는다. 자신이 단순히 전문가로서 열심히 일한다고 고객이 좋아하는 것은 아님을 느낀다. 교육 후에 그들은 자발적으로 마케팅 부서와 소통하고 그들이 그려나갈 그림이 무엇인지 먼저 묻거나 반대로 자신이 그려갈 그림을 마케팅팀에 적극적으로 이야기한다.

이처럼 브랜드를 만든다는 것은 브랜드를 통해 전달할 이야기를 명확히 하는 것이다. 할리가 오토바이가 아니라 야생마를 만드는 것처럼 일하듯, 브랜더들은 브랜드의 이야기를 풀어나가듯 일한다. 이야기를 풀어나가듯 일한다는 것은 브랜더 스스로 브랜더가 전달할 이야기에 적합한 디자인, 제품 특징, 서비스 방법, 가격 등에 관한 질문을 스스로 던져가며 해결해나가는 것이다. 이런 질문들을 통해 브랜더는 르 알라스카 매장에 무심하게 놓인 프랑스 밀가루 포대 같은, 자신만의 독특한 이야기를 풀어낼 방법을 고안해낼 수 있다.

브랜드는 경쟁력이 아니라 생각의 차이로 결정된다

어느 날 소매 유통 컨설팅 사업본부를 맡고 있는 지인이 도움을 요청해왔다. 그는 당시 글로벌 브랜드로 성장한 E 브랜드의 해외 마케팅 컨설팅 제안을 위해 애쓰고 있었다. 예전과는 다른 새로운 관점의 리서치를 제안하기 위해 과거 진행했던 마케팅 리서치에 대한 평가와 함께 미래 방향성에 대해 조언해달라는 것이었다. 평소에 E 브랜드에 관심이 많았기에 흔쾌히 돕기로 하였다.

E 브랜드는 2000년대 초반만 해도 국내에서 시장 점유율 1등이었지만 해외 수출 실적은 초라하였다. 해외에서의 E 브랜드 이미지는 당시 보통

의 한국 브랜드가 그렇듯 다소 싸구려 느낌이었다. 하지만 2000년대 중반부터 해외에서 성장세를 이룬 E 브랜드는 2010년대 들어 해외에서도 인정을 받기 시작해 지금은 해당 산업에서 꽤 높은 위치에 올랐다.

E 브랜드의 품질은 상당한 수준이고 해외에서도 호평을 받고 있기에 당시 E 브랜드의 목표는 1~2등 브랜드처럼 단순히 품질이 좋은 상품을 넘어 세계적인 브랜드가 되는 것이었다. 그런데 리서치 보고서의 기획의도는 의문투성이었다.

- 시장에서 중요한 경쟁 요소를 열 가지로 한정하여 경쟁력을 평가한다.
- 벤치마킹 대상인 B 브랜드와 E 브랜드의 경쟁 요소를 비교 평가하여 E 브랜드의 미래 방향성을 모색한다.

결국 리서치 보고서의 목적은 'E 브랜드의 경쟁력은 B 브랜드 대비 어느 정도인가'를 알려주는 것이었다. 이런 접근 방법은 브랜드의 기본적인 경쟁력이 현저히 떨어져 벤치마킹 대상 브랜드를 무조건 따라할 때 유용하다. 마치 경쟁력이 현저히 떨어지는 브랜드가 짝퉁 만들듯이 만들어 단기간에 품질을 높이는 것이다. 이는 브랜드 경제가 아닌 상품 경제를 잘 만들어내는 데 필요한 방법이다.

하지만 내 생각에는 E 브랜드는 이런 수준을 이미 넘어섰기에 다른 접근 방법이 필요했다. E 브랜드의 경쟁 상대인 1~2등 브랜드는 각자의 별자리를 통해 자신만의 고유한 그림과 이야기를 전달하고 있는 세계적인 브랜드였다. E에게 필요한 것은 자신만의 고유한 메시지이지 B와 같은 수준의 품질은 아니었다.

이런 리서치 보고서는 B 브랜드의 디자인 대비, 품질 대비, 구매 용이성 대비 90퍼센트 수준이라는 결론 이외에는 어떠한 비전도 제시하지 못한다. 목표 대비 100퍼센트를 이루었다고 하더라도 E는 B의 짝퉁이 될 수밖에 없다. 따라서 이 리서치 보고서는 일종의 짝퉁 가이드라인일 뿐이다. E에게 필요한 목표는 B처럼이 아니라 E만의 특별한 메시지는 무엇인가를 고민하는 것이고, 그러기 위해서는 자신만의 메시지를 전달하는 별자리 체계를 연구해야 한다.

글로벌 브랜드로 성장한 삼성전자나 현대자동차가 마주한 현실도 이와 비슷하다. 두 기업은 10년 전만 하더라도 저렴한 가격의 나쁘지 않은 품질을 가지고 있다는 이미지를 주었지만 지금은 세계 최고 수준의 브랜드가 되었다. 그래서 요즘 삼성전자와 현대자동차의 신모델 발표는 국내외 언론의 주목을 받는다. 발표회에서는 찬사도 이어지지만 냉정한 비판이 있는 것도 사실이다.

그런데 전혀 다른 산업에서 세계 톱 브랜드들과 경쟁하는 양사에 대한 비판 중 공통된 것이 있다. 삼성전자와 현대자동차 모두 어디서 많이 본 듯한 디자인이 문제로 이슈화된다. 디자인은 단순히 상품을 보기 좋게 포장하는 것이 아니다. 디자인은 브랜드의 고유한 메시지를 시각적으로 전달하는 매우 중요한 수단이다. 삼성전자와 현대자동차의 디자인이 해외 브랜드와 비슷하다는 것은 디자인 경쟁력이 없어서가 아니라 자신만의 이야기, 즉 별자리가 없어서이다. 자신만의 이야기가 없으니 요소의 경쟁력은 높일 수 있어도 별자리의 관계성을 만들어내지 못하는 것이다. 하지만 자신만의 디자인이란 꼭 거창한 것은 아니다.

삼성전자와 현대자동차처럼 크지 않고 작지만 재미있는 커피 브랜드인 '라떼킹Latte King'을 통해 '좋은 디자인이란 무엇인가'를 소개해보겠다. 라떼킹이 고객에게 사랑받는 이유는 단순히 커피의 맛이 좋아서가 아니다.

스타벅스가 대중화시킨 커피 시장은 성장하는 만큼 경쟁도 치열해지고 있다. 특히 2010년대 들어 커피 자체의 섬세한 맛을 자신만의 독특한 로스팅 기법이나 추출 기법으로 무장한 로스터리 카페들의 출현으로 커피 업계의 황제인 스타벅스조차 어려움을 겪고 있다. 모두들 커피 시장에서 커피의 맛만 자랑할 때, 라떼킹이 커피의 맛이 아닌 '재미'로 차별화한 것은 엉뚱하기도 하지만 경쟁이 심한 시장에서 자기만의 별자리를 뽐낼 수 있는 신의 한 수였다.

브랜드의 별자리 측면에서 라떼킹이 중요한 이유는 '재미'라는 이야기의 그림이 있고 카페의 각 요소를 '재미'라는 요소로 꾸며놓았기 때문이다. 일단 메뉴가 재미있다. 가장 눈에 띄는 메뉴는 와사비라떼이다. 이 메뉴에는 와사비를 진짜 넣어서 만든다. 지인들에게 라떼킹을 소개하고 와사비라떼를 추천할 때 나타나는 반응은 보통 '진짜 그런 게 있어요?'이다. 와사비라떼를 추천해준다고 해서 직접 먹어보는 사람은 많지 않다. 그러나 그런 메뉴가 있다는 것 자체를 신기해한다. 라떼킹에는 와사비라떼 말고도 소금을 넣은 소금라떼, 벌꿀을 넣은 컨디션라떼, 술 마신 뒤 먹는 해장커피 등 다양한 엽기(?) 메뉴가 있다.

사람들이 라떼킹에 가는 이유는 신기한 음료를 마시기 위해서가 아니

제가 하고 싶은 이야기는 '재미'입니다.
'와사비라떼' 같은 메뉴와 OMR 컵 같은 종이컵에서
늘 '재미'를 이야기합니다. 저는 무슨 일을 하든 경쟁사를
벤치마킹하지 않고 저만의 생각을 벤치마킹합니다.
그것이 사실 더 쉽습니다. 그런 면에서
저는 S나 H처럼 누구를 따라했다는
비판을 듣지 않아요.

라떼킹의 디자인이 좋은 것은
브랜드의 생각인 '재미'가 담겨 있기 때문이다.

다. 라떼킹을 찾는 대부분의 고객은 아메리카노나 카페라떼를 마실 뿐 신기한 메뉴를 보면 웃고 넘어간다. 라떼킹은 목마름을 채워주기 위해서가 아니라 각박한 세상에서 웃을 수 있는 여유를 주기 위해 존재한다.

라떼킹 '재미'의 압권은 종이컵 디자인에서 드러난다. 라떼킹에서는 다양한 디자인의 컵이 나오는데 라떼킹답게 정말 재미있다. 수능 시즌에는 OMR 카드 형상의 OMR 컵이 나오고, 경쟁자를 위한 스타벅스 헌정 컵도 있다. 비록 스타벅스가 경쟁자이긴 하지만 이 땅에 커피문화를 전파해준 은혜에 감사한다는 여유가 넘치는 생각이 디자인에 표현되어 있다.

브랜드하면 빼놓을 수 없는 사람이 스티브 잡스이다. 스티브 잡스가 사망했을 때에는 그를 추모하는 의미에서 스티브 잡스 추모 컵도 나왔다. 이런 컵을 사람들은 쉽게 버리지 못하고 일부 마니아들은 모으기도 한다. 라떼킹의 고객은 커피 한 잔을 보고 커피가 아닌 '재미'를 떠올리기 때문에 라떼킹은 별자리가 확실한 브랜드이다.

'재미'의 별자리 이야기를 가진 라떼킹은 삼성전자나 현대자동차도 풀지 못한 디자인 문제를 쉽게 해결한다. 라떼킹이 삼성과 현대에 조언을 한다면 다음과 같을 것이다.

디자인은 경쟁력의 차이가 아니라 생각의 차이다.

라떼킹의 종이컵에는 '재미'를 추구하는 라떼킹의 생각이 명확하게 드러나 있다. 생각이 명확하다는 것은 별자리의 그림과 이야기가 확실하다는 것이다. 컨설팅을 하면서 가장 어려운 고객은 까다로운 고객이 아니라 자신의 생각이 없는 고객이다.

"강점은 무엇인가요? 브랜드를 만들 때 가장 중요하게 생각하는 기준은 무엇입니까? 경쟁자와의 가장 큰 차별점은 무엇인가요? 고객이 당신의 브랜드를 구매하는 단 한 가지 이유를 꼽으라고 하면 무엇이라고 말하겠습니까?"

이런 질문에 명확히 대답하기 어렵다면 마케팅의 신 스티브 잡스가 돕더라도 성공하기 어렵다. 그런 브랜드의 마케팅이나 디자인은 허구이거나 거짓말이기 때문이다. 재미있는 브랜드에 가장 좋은 디자인은 재미있는 디자인이며, 여유로운 브랜드에 가장 좋은 서비스는 여유롭고 느린 서비스이다. 이런 브랜드를 만들어내지 못하는 가장 큰 원인은 경쟁력 높은 상품은 있지만 브랜드의 생각이 명확하지 않아서이다. 자신만이 그려낼 수 있는 생각이 있다면 그것은 참 좋은 브랜드이다.

소쉬르,
기업 경영은 줄 긋기다

—

   기업 경영의 아버지 테일러가 알려준 경영의 비밀은 쪼갤 수 있는 단위까지 쪼개 각 조각의 경쟁력을 높이는 것이다. 이는 일을 처리할 때 분업해서 얻을 수 있는 이익과 같은데, 분업은 더 빨리 더 많이 더 좋은 상품을 만들어내는 데 적합한 방식이다. 요소의 경쟁력을 중시하는 경영 방식은 품질 좋은 상품을 저렴하게 만들어낼 수 있는 탁월한 시스템이다. 그러나 구조주의의 아버지 페르디낭 드 소쉬르Ferdinand de Saussure(1857~1913년)가 현대 기업 경영에 대해 이야기한다면 분업은 현대 기업 경영과는 전혀 관계없는 일이라고 할 것이다.

   'I love you'라는 언어를 이해하기 위해서 가장 중요한 것은 무엇일까? 일반적으로 외국어 학습에서는 단어를 이해하는 것이 중요하다고 생각해 단어부터 암기한다. 하지만 소쉬르는 언어의 요소인 단어를 이해하는 것보다 단어 사이의 관계를 이해하는 것이 더 중요하다고 말한다. 언어의 음가가 아닌 관계, 즉 문법이 훨씬 중요하다는 말이다.

소쉬르는 관계를 알지 못하면 언어를 이해하지 못하고, 언어를 이해하지 못하면 그 언어를 사용하는 사람들의 사고를 이해하지 못하는 것과 같다고도 했다. 나는 각 요소가 무엇인지 아는 것보다 요소 사이의 관계가 만들어내는 비밀을 알아내는 것이 훨씬 중요하다는 사실이 기업 경영에도 적용된다고 믿는다.

기업 경영은 고객에게 기본 단어를 말하는 기초적인 수준이 아니라 메시지를 만들어내는 브랜드처럼 복잡한 가치 체계를 전달해야 한다. 이때 기업에 필요한 것은 요소의 경쟁력을 높이는 방식이 아니라 요소 사이의 복잡한 관계를 아름답게 풀어내는 방식이다.

◀− 소쉬르의 질문

당신의 기업은 요소의 경쟁력을 높이기 위해 애쓰는가? 아니면 요소 사이의 관계를 만들어내는 데 힘쓰는가?

하루에 끝내는 문제 해결 여행 2
고객의 생각과 시장을 흔드는 신상품 착상법

—

프렌치카페 같은 새로운 생각의 지진을 만들어내는 신상품은 세 단계의 과정을 통해 만들 수 있다. 먼저 이 책의 8장을 워크숍에 참여한 구성원이 미리 읽는다. 1부에서는 기존의 전통적 생각이 무엇인지 나열하는 것이다. 뻔한 것일수록 좋다. 누구도 의심하지 않았던 틀에 박힌 사고를 적고 그 생각을 부정하는 것이다. 어색하거나 우스꽝스러운 아이디어가 나와도 좋다. 세상을 바꿀 아이디어는 원래 어색하다.

2부에서는 부정한 아이디어의 그룹별로 모여 토론한다. 예를 들면 A팀은 '커피, 프림, 설탕'이라는 기존 구성을 부정하는 대안을 찾는 토론을 한다. B팀은 길쭉한 디자인을 부정한 새로운 디자인이나 포장을 부정한 대안을 찾는 토론을 한다. 2부에서는 특징이 아닌 대안을 중심으로 토론을 진행해야 한다. 예를 들어 커피, 프림, 설탕의 배합을 다르게 하는 것이 기존의 어떤 문제나 고객의 불만사항을 해결하고 대안을 제시할 수 있는지 깊게 생각해야 한다. 맛이라면 어떤 맛의 대안을 제시하는 것인지 고민한다. 누구나 원하는 새로운 맛이라면 독특한 배합을 제시할 수 있고 고객 각자가 원하는 맛이라면 맞춤형 배합을 제시할 수 있다.

　마지막으로 당신이 제시한 신상품은 고객에게 어떤 의문을 던지는지 생각한다. '아직도 카제인나트륨이 들어간 프림커피를 드시나요?' 같은 낯선 메시지가 있어야 한다.

1부 _ 부정을 통한 아이데이션

[1-1] 기존 생각 나열 : _____

(예) 커피믹스의 기본은 커피–프림–설탕, 건강과는 거리가 먼 커피믹스, 커피는 사무실과 집에서 마시는 음료.

[1-2] 기존 생각 부정 : _____

(예) 프림이 다른 커피, 설탕이 다른 커피, 건강한 커피. 커피–프림–설탕의 배합이 다른 커피, 일상이 아닌 특별한 상황에 마시는 음료.

2부 _ 의문을 갖게 하는 대안 모색

[2] 생각의 의문을 갖게 하는 아이디어(증거)와 대안 제시 :

_____

(예 1) 아직도 카제인나트륨이 들어간 프림 커피 드시나요? 카제인나트륨이 없는 건강한 커피를 드세요. 아직도 몸에 해로운 설탕 커피 드시나요? 선인장에서 뽑은 아가베시럽이 들어간 건강한 커피를 드세요.
(예 2) 멋진 만남과 품격 있는 자리에서 평범한 커피믹스는 어울리지 않아요. 이는 마치 명품 양복에 천박한 넥타이를 매는 꼴입니다. 손님을 초대할 땐 명품 커피믹스를 준비하세요.

8장에서 기억할 것

—

    인간이 늘 생각하는 것 같지만 사실은 특별한 상황에만 생각을 한다. 같은 맥락에서 고객이 생각하고 구매하는 것 같지만 그들은 생각 없이 과거에 구매한 상품을 습관적으로 구매한다. 이런 현실은 신상품 개발자에게 재앙과도 같다. 따라서 신상품은 고객으로 하여금 새로운 생각을 불러일으켜 낯선 상황으로 유도하여 그들 스스로 새로운 생각을 하도록 만들어야 새로운 구매가 일어난다.

    구매가 기업과 고객이 무언가를 교환하는 행위라면 상품은 경제적 교환 체계를, 브랜드는 언어적 교환 체계를 따른다. 오늘날 대부분의 상품 교환 체계는 단순히 기능적 가치의 교환이 아니라 결혼반지처럼 일종의 메시지를 교환한다. 특히 메시지의 전달 매개체인 브랜드는 경제적 교환 체계가 아닌 정교한 문법을 지닌 언어 체계로 만들어야 성공할 수 있다. 브랜드는 상품 자체만의 경쟁력뿐만 아니라 고객이 브랜드와 만나는 모든 접점에서 자신의 메시지를 독특한 자신의 문법 체계 속에서 일관되게 전달할 수 있도록 만들어야 한다.

예를 들어 옷차림이 무심해 보이는 20대 청년이 착용한 찢어진 청바지와 해어진 컨버스 운동화는 '자유로운 영혼'을 이야기하는 것이다. '프랑스 프로방스의 맛있는 빵'을 이야기하는 르 알라스카의 경쟁력은 단순히 좋은 재료와 좋은 레시피에 있지 않다. 르 알라스카는 맛있는 빵과 함께 매장에 무심한 듯 진열된 프랑스산 밀가루 포대, 투명하게 뚫린 넓은 주방, 제빵사 복장의 캐셔가 언어의 문법처럼 긴밀한 관계를 구성하여 고객에게 이야기를 건넨다.

좋은 별을 모아 별의 집합을 만드는 것이 상품이라면, 브랜드는 별 사이의 줄을 그어 그 관계성을 통해 별자리의 이야기를 만들어내는 것과 같다. 사람들이 다섯 개의 별로 이루어진 카시오페이아 별자리를 보고 아름다운 여인을 떠올리듯이 할리데이비슨의 고객은 오토바이를 보고 야생마를 떠올린다. 상품으로서 좋은 오토바이를 만드는 기업이 핵심 요소인 디자인, 소재, 품질, 편리성과 같은 경쟁력을 높이는 데 주력한다면, 할리데이비슨은 한 마리의 야생마를 그려놓고 이를 구현하기 위한 자신만의 디자인, 소재, 품질, 편리성의 요소를 찾고 관계를 설정하여 오토바이가 아닌 야생마를 만들어낸다.

8장을 통해 우리는 구매의 시작인 신상품이 구매되는 원리와 함께 구매의 매개체인 브랜드가 언어 체계를 따른다는 사실을 알았다. 9장에서는 기업에 가장 필요한 기술이면서도 가장 어렵게 느껴지는 차별화에 대해 알아보겠다.

9

차별화,
상대성 논리의 기술

차별화는 남다른 것이지만,
남다르게 만들면 실패한다

"검은 조약돌에 흰 조약돌을 던지고 싶다."

SBS 토크 프로그램인 〈힐링캠프〉에서 장기하 씨는 가수로서 자신이 가요계에 임하는 자세를 이처럼 설명했다. 이는 차별화에 대한 명확한 해석을 해준 《디퍼런트different》의 저자 하버드대학교 비즈니스스쿨의 문영미 교수의 주장과 정확히 일치한다. 차별화란 복잡하고 어려운 것이 아니라 '남들이 하지 않는 것을 하는 것' 또는 '남다르게 만드는 것'이다.

남들이 하지 않는 일을 상상하기란 쉬운 일이다. 남들이 'yes'라고 하면 'no' 하고 '좌'로 가면 '우'로 가는 선택을 하면 된다. 무엇이 차별화인지 분별하는 것은 참으로 쉽다. 흔히 차별화를 창의성의 산물로 생각하는데, 차별화가 남들과 다른 것을 선택하는 과정이라는 관점에서 보면 창의성이라기보다 상대성 논리의 산물에 더 가깝다. 논리적으로 상대가 하지 않는 것을 선택하는 것이 차별화의 기본이다.

쉬워 보이는 차별화를 현장에서 실행하는 것은 왜 어려울까? 오죽하면 문영미 교수는 기업이 차별화를 하지 못해 지금의 시장이 '동일함이 지배하는 시장'이라 말한다. 실제로 시장에서 치열하게 경쟁하는 기업들로 인해 상품의 종류는 많아지고 소비자의 선택권은 넓어졌지만, 정작 소비자들이 자신들의 선택권이 다양해졌다고 느끼는 것은 아니다.

길을 가다 한 대형슈퍼에서 음료 행사를 하는 것을 보았다. 시장에서 인기 있는 다양한 프리미엄 캔 커피를 판매하고 있었다. 5종의 프리미엄 캔커피를 팔고 있었는데 이게 웬일인가? 캔 커피의 모양이 모두 같았다. 외부 디자인도 원두를 모티브로 한 갈색과 블랙을 주요한 색으로 사용해 서로 크게 달라 보이지도 않았다. 외모뿐만 아니라 내용도 비슷했다. 고급 커피를 사용했다는 표시를 하기 위해 하나같이 '아라비카 커피 100퍼센트'를 강조했다.

캔 커피를 만든 기업은 프리미엄하게 상품을 만들어 프리미엄하게 팔리길 기대했겠지만 프리미엄 캔 커피는 특판 매대에 올라가 있었다. 심지어 가격까지 똑같았다. 그것도 1천 원 균일가로……. 문영미 교수의 주장처럼 차별화가 중요하다는 것은 알지만 시장은 왜 동일해져갈까?

균일가 매대의 프리미엄 캔 커피는 모양도, 색깔도, 맛도,
가끔은 이름도 거의 비슷하다.
시장에서 기업은 마치 경쟁사와 어떻게 다르냐보다
얼마나 비슷하냐를 경쟁하는 것 같다.

이런 현상은 프리미엄 캔 커피 시장에서만 일어나는 일이 아니다. 마트에 가면 수많은 생수, 우유, 과자가 있지만 모양은 물론 맛도 비슷하다. 시장이 동일해지는 것은 기업이 차별화의 중요성을 몰라서가 아니다. 차별화는 말이 쉽지 실행하기 참 어렵다. 그런데 차별화의 실행이 어려운 것은 아이러니하게도 차별화의 단순한 정의를 오해하기 때문이다. 우리가 알았던 차별화, 곧 '남과 다르게 만드는 것'이란 사전적 정의대로 차별화를 실행하면 실패하기 십상이다. '남과 다르게 만드는 것'이라는 차별화의 정의는 차별화의 결과일 뿐 본질을 설명하는 정의가 아니다.

차별화는 영어로 'differentiation'으로 표기하는데 차별, 구별, 남과 다르게 함이란 뜻의 명사이다. 그런데 '다르게 함'이란 차별화의 사전적 정의가 현장에서는 오히려 혼란을 일으킨다. 예를 들어 인간은 모두 죽는다는 명제는 명백한 사실이지만 그렇다고 모든 인간은 죽기 위해 태어난다고 가정하는 것은 이상하다. 이와 마찬가지로 차별화는 남과 다르게 만드는 것이니 차별화를 '남과 다르게 만들어가는 과정'이라고 생각하는 순간 기업의 상품 기획자는 차별화의 본질을 놓치게 된다.

'남과 다르게 만들어가는 과정'의 시각으로 차별화를 시작하는 기업의 첫 번째 행동은 흔히 외부 경쟁사부터 조사하는 것이다. 논리적으로 타당해 보일지 모르나 이러한 외부적 접근의 태도는 차별화의 본질에 이르는 올바른 길이 아니다. 그렇다면 어떤 경로로 차별화를 할 수 있는가? 기업 외부가 아닌 기업 내부에서 시작하는 것이 좋다.

예를 들어 인생이 후회스러우나 이제 갓 열 살이 된 아이를 둔 아버지가 있다고 하자. 아이를 사랑하는 마음에 아버지는 '너는 나와 다른 인생을 살아라' 하고 애정 어린 충고를 한다. 아이 입장에서 아버지와 다른 인생을 사는 것은 단순해 보인다. 아버지가 하지 않은 길을 선택하면 된다. 아버지가 남에게 해를 입힌 사기꾼이었다면 남에게 불법적인 일로 해를 입히지 않으면 되고, 돈만 밝히는 사업가였다면 사업을 하지 않으면 되고, 단조로운 공무원 생활을 했다면 공무원을 하지 않으면 되는 것이다.

그러나 아이는 이런 충고에 절망한다. 방법은 간단하지만 선택지가 많아 어떤 선택을 해야 할지 여전히 어려움을 느끼기 때문이다. 아버지가 도둑이었다면, 아들이 도둑질하는 것 말고 선택할 수 있는 일은 수만 가지가 넘는다.

아들에게 자신과 다른 인생을 살라고 충고하고 싶다면 오히려 "아들아 네가 좋아하는 것이 뭐니? 그것이 뭐든 열심히 하려무나. 그래서 아버지와는 다른 인생을 살아라"라고 말하는 것이 더 효과적이다. 즉, 자기다운 인생을 찾아 남다르게 살라고 충고하는 것이다.

차별화도 자기다운 인생을 찾아 남다르게 사는 것과 같다. 차별화는 '남과 다르게 만드는 것'이 아니라 '남과 다르게 보이는 것'이다. 차별화의 본질은 '나만이 할 수 있는 것'을 찾는 과정으로 이해해야 한다. 다시 말해, 차별화는 내부적으로 자기만이 할 수 있는 것을 제일 먼저 찾고, 남과 다르게 보이는 것으로 마무리한다. 이것이 차별화에 대한 올바른 정의이고 접근 방법이다.

기업이 현장에서 다르게 할 수 있는 수많은 방법이 있지만 기업 자신이 아닌 외부를 보고 차별화를 시작하면 자신과 다른 인생을 살라는 아버지의 조언을 들은 아이처럼 무엇을 선택할지 혼란스러워진다. 차별화는 '남과 다르게 만드는 것'이라는 정의는 반만 맞고 반은 틀린 개념이다.

동료들과 자주 가는 서울 지하철 7호선 내방역 사거리 뒷골목에 자리 잡은 쌀국수집은 테이블도 고작 여덟 개밖에 없는 작은 음식점이지만 늘 손님으로 붐빈다. 진한 소고기 국물 맛이 일품이고 프랜차이즈 쌀국수와는 미묘하게 다른 독특하고 깊은 풍미가 난다. 여성 창업자의 세심한 손길이 곳곳에서 느껴질 정도로 베트남의 아기자기한 아름다움이 과하지 않게 꾸며져 있다.

맛있는 쌀국수의 비법이 궁금해 창업자인 K 대표에게 물어보았는데, 그 비밀은 너무 단순하였다. 보통 쌀국수 프랜차이즈의 레시피는 미국식인 데 반해 내방역 쌀국수집의 레시피는 프랑스식이었다. 과거 베트남이 프랑스의 식민지였기 때문에 프랑스에는 베트남의 먹을거리와 문화가 잘 전파되어 있다. 프랑스에서는 자연스럽게 맛있는 쌀국수 레시피를 많이 개발했고, K 대표는 프랑스식 레시피 중 우리 입맛에 맞는 것을 사용해 쌀국수를 만든 것이다. 프랑스와 베트남의 오랜 문화 교류로 미국식 쌀국수보다 프랑스식 쌀국수가 맛이 좋다는 것은 설득력이 있어 보인다.

그런데 K 대표의 이야기를 더 들어보니 한 명의 고객으로서 더 큰 믿음이 갔다. K 대표는 꽤 오랜 기간 프랑스 파리에 거주하며 프랑스 요리와 함께 프랑스식 베트남 요리를 배웠고 한국에 돌아와서 쌀국수집을 열었디고 한다. 이 집 쌀국수 맛의 비밀은 좋은 레시피에 더해진 K 대표만의 손맛에 있었던 것이다. 미국식 쌀국수에 익숙한 한국 고객에게 프랑스식 베트남 쌀국수는 확실히 차별화된 전략이다.

#14

차별화란?
(X) 남과 다르게 만드는 것
(O) 자기답게 만들어
　　남다르게 보이는 것

_ 야생의 고객

이런 기발한 아이디어를 듣고 미국식 쌀국수 전문점에서 프랑스식 쌀국수를 팔면 어떨까? 어느 정도 성공은 할지라도 내방역 쌀국수집과 같은 맛은 낼 수 없을 것이다. 아무리 좋은 아이디어라도 기업의 내부에서 찾은 자기다운 문화 또는 핵심 역량과 연관이 없는 것은 성공하기 힘들기 때문이다. 자신감이 떨어지고, 그것은 미묘한 차이를 만들어 고객을 만족시키기 어렵다. 차별화는 '남'과 다르게 보이는 외부에서 끝나지만, 그 시작은 내부의 '나'이다.

차별화의 기술, 기업이 가진 무의식을 활용하라

차별화가 '기업이 자기를 아는 것'에서 출발하는 것이라면 기업은 자신이 누구인지 어떻게 알아가야 할까? 프로이트는 인간의 행동양식이 의식뿐만 아니라 무의식에 의하여 결정된다고 했다. 인간은 의식뿐만 아니라 무의식을 알 때 자기가 누구이며 무엇을 잘 할 수 있는지 알 수 있다는 말이다. 의식과 함께 무의식을 잘 활용하면 자신만의 독특한 역량을 극대화시킬 수 있다.

IT 업계는 물론 전 세계 기업에 영향을 미친 경영사상가 스티브 잡스는 무의식을 잘 활용한 경영자이다. 태어나자마자 양부모에게 입양된 잡스는 기본적으로 사회를 불신하고 분노하는 성향이 강했다. 그의 공격적 성격과 불신은 늘 주위 사람들을 불편하게 하였다. 그의 무의식에는 분노와 함께 극단적 폐쇄성과 공격성이 자리 잡고 있었다.

그러나 잡스의 독단적이고 폐쇄적인 무의식은 애플이라는 기업을 통해 어디에서도 볼 수 없는 절제된 아름다움을 가진 IT 기기가 탄생하는 데 결정적 역할을 하였다. 잡스의 폐쇄적 독단은 애플만의 자기다운 특별함으로, 그의 공격성은 늘 아무도 가지 않은 새로운 길을 개칙하는 창의적 추진력으로 승화되었다.

그렇다면 기업에도 의식과 함께 무의식이 있을까? 그렇다. 마치 사람들이 애플을 쓰면서 아직도 잡스의 숨결을 느끼는 것처럼 애플에는 잡스의 무의식이 남아 있다. 보이지 않는다고 해서 기업의 무의식이 단순히 노하우나 영업권, 특허, 인재의 전문성을 의미한다고 말하는 것은 아니다. 인간이 무의식을 인식하지 못하는 것처럼, 기업조차 인식하지 못하는, 기업 자신의 문화 가운데 내재되어 있는 에너지를 말하는 것이다.

앞에서 소개한 할리데이비슨의 무의식은 '야생마'이다. 야생마는 할리의 독특한 컨셉을 넘어 기업 안에 내재한 무의식으로 이해하는 것이 마땅하다. 지금은 잘나가는 할리이지만 과거 일본 자동차가 미국 자동차 시장을 초토화시킨 것처럼 일본의 작고 성능 좋은 오토바이로 인해 할리는 회사 운영이 어려워져 1969년 AMF에 매각되기도 했었다.

할리를 매입한 새 주인은 잔디 깎는 기계를 만드는 등 다양한 사업을 벌였지만 결과는 신통치 않았다. 1981년 할리의 임직원들은 담대한 계획을 세웠다. 할리를 AMF에서 다시 사들이기로 한 것이다.

현실적 대안이 명확히 보이지 않는 상태에서 회사를 되찾은 할리의 임직원들은 그들의 미래를 과거에서 찾았다. 할리다운 할리를 만드는 것이었다. 일본의 혼다나 야마하가 합리적인 오토바이를 만든 반면 할리는 남성의 마초 본능을 일깨우는 할리다운 대형 오토바이를 만들었다. 한 마리의 야생마를 만들어내는 데 성공한 할리는 계속 성장하여 2000년대 들어 일본의 혼다와 야마하를 제치고 세계 1위의 모터사이클 제조업체가 되었다.

일본의 오토바이를 의식하여 할리가 작고 성능 좋은 오토바이를 만들고 심지어 경쟁을 피해 잔디 깎는 기계까지 만든 전략은 언뜻 합리적 선택으로 보이지만 고객은 할리를 외면하였다. 그러나 할리는 자신의 무의식인 야생마로 남성 고객의 마초 근성을 깨워냈기에 다시 일어설 수 있었다. 브랜드의 무의식으로 죽은 기업도 살아나게 한 탁월한 전략이다.

무의식을 잘 활용하면 경쟁사가 따라올 수 없는 독특한 차별성을 부여할 수 있다. 현대카드는 신용카드가 어떻게 진화할 수 있는가에 대한 놀라운 행보를 보여주었다. 처음에는 단순히 카드 크기를 앙증맞게 미니 mini로 만들더니 전통 한옥이 즐비한 가회동에 디자인 라이브러리를 만들었고, 쉽게 만날 수 없는 해외 팝스타를 초대해 슈퍼 콘서트Super Concert를 열고 있으며, 해외 유명 지식인과 함께 슈퍼 토크Super Talk를 한다. 현대카드가 하는 일에는 그래서 최초라는 수식어가 많이 따라다닌다. 특히 현대카드의 디자인은 절제되고 모던한 아름다움을 보여주는데, 늘 창의적이고 일관된 현대카드만의 디자인, 서비스, 마케팅 활동, 광고는 어디에서 연유하는 것일까?

현대카드 또한 무의식을 잘 활용하는 브랜드이다. 고객에게는 공개하지 않지만 현대카드에는 'Science in the Tiffany box'라는 내부 기준이 있다. 현대카드는 어떤 일을 하든지 신용카드 회사이기 때문에 정교한 금융공학으로 계산한 금융 서비스를 명품 주얼리 브랜드인 티파니Tiffany처럼 아름다운 블루박스에 담아 선물한다는 것이다. 그래서 현대카드의 서비스는 아름답고 럭셔리해 감성적인 면만 부각하는 것 같아 보인다. 하지만 내부적으로는 치열하게 계산하여 정확한 고객의 니즈를 찾고 이를 통해 수익을 이끌어내고 있다. 'Science in the Tiffany box'는 구체적 매뉴얼은 아니지만 어떤 일을 하든지 고객에게 전달하려 하는 일종의 무의식적 지향점이다.

삼성에도 명문화되어 있지 않지만 무의식적으로 지향하는 바가 있다. 바로 '1등'이다. 삼성에 경력사원으로 입사했을 당시 가장 놀란 부분은 어떤 일을 시작하든지 목표가 1등이라는 것이었다. 새로 추진하는 사업은 2등만 해도 성공이라고 생각하였는데 그건 나만의 생각이었다. 같이 일하는 그 누구도 2등을 목표로 하지 않았다. 삼성에서는 1등을 하지 못하면 직원들이 죄책감을 느낀다.

삼성의 직원들이 모두 진취적이어서가 아니라 1등이 목표가 아니면 경영진의 어떤 지원도 이끌어내지 못한다는 사실을 잘 알고 있기 때문이다. 어떤 이유에서든 1등을 목표로 하고 그것을 해내는 삼성의 1등주의는 외부인이 보기에 얄밉긴 하지만 내부적으로는 큰 자산이다. 명문화되어 있다고 해서 실행할 수 있는 것이 아니다. 삼성이라는 조직에서 1등이라는 문화를 창업 이래 꾸준하게 적절히 활용하여 이미 무의식에 내재되어 있고 삼성은 이것을 잘 활용한다.

무의식을 기업 차원에서 효과적으로 활용하기 위해서는 구체적으로 표현하는 것이 좋다. 정신분석에서 사람의 무의식을 의식적인 차원으로 노출하여 사람을 성장시키고 치료하는 것처럼 기업도 자신의 무의식을 의식화함으로써 자신만의 차별화 DNA를 찾을 수 있다. 보이지 않는 무의식을 구체적으로 의식화하여 차별화에 활용한다는 점에서, 삼성의 '1등' 무의식보다 현대카드의 'Science in the Tiffany box'가 좀 더 효과적이다. 삼성의 1등주의는 목표는 명확히 나타내지만 어떤 성격과 스타일을 표현하는 데는 부족한 면이 있다.

반면 현대카드는 자신의 지향점을 적절한 은유와 비유로 잘 표현할 수 있어 어떻게 일해야 하는지에 대한 실마리를 제공한다. 대기업 임원실에 가면 으레 볼 수 있는 동양란을 현대카드에서는 찾아볼 수가 없다. 동양란은 모던한 티파니와 어울리지 않아 선물 받은 것일지라도 놓을 생각조차 하지 않는다는 것이다. 그들은 구체화된 무의식을 통해 늘 일관된 생각을 하기 때문에 일관된 생각은 일관된 행동을 낳고 일관된 행동은 일관된 결과물을 낳는다. 세련되고 모던하고 파격적인 광고와 대외적 행보는 굳이 현대카드라는 로고가 없어도 이제 쉽게 인식되는 수준에 이르렀다.

사실 현대카드가 하는 일을 보면 편집증 환자처럼 디테일이 강하고 집요하다. 현대카드의 디자인에 대한 집착은 현대카드만의 성격을 제대로 만들어내기 위해 자신들만의 독특한 글씨체를 개발하는 데까지 이어진다. 편집증적인 현대카드와 늘 1등을 당연시하는 삼성의 직원으로서는 좀 피곤힐 수밖에 없다. 그럼에도 양사 직원들이 잘 통합되는 방법 중 하나가 바로 이 무의식에 있다. 회사가 남과 다른 행보를 편집증적으로 피곤하게(?) 실행하는 이유를 무의식적으로 직원에게 전달함으로써 직원들의 높은 이해도를 이끌어내고, 높은 이해도는 높은 열정과 완성도 그리고 일관성을 이끌어낸다.

경쟁사가 따라올 수 없는 독특한 차별성을 부여하는 기업 무의식은 세 가지 방법으로 찾을 수 있다.(224~229쪽 참조)

첫째, 업의 정의를 새롭게 함으로써 찾아라.

6장에서 우리는 자기부정의 원칙을 배웠다. 닌텐도는 단순히 화투를 잘 만드는 회사가 아니라 재미를 만드는 회사임을 알았을 때 성공하였다. 당신의 기업에 사업자등록증이 있으면 지금 꺼내보라. 종목과 업종에 무엇이라고 쓰여 있는가? 단언컨대, 사업자등록증에 표시된 업종이 기업의 본질을 나타내는 것이 아니다. 닌텐도처럼 새로운 업의 정의를 발견함으로써 무의식을 발견할 수 있다.

둘째, 만족한 고객이 칭찬한 독특한 강점에서 찾아라.

기업의 비밀스런 무의식은 고객의 만족스런 칭찬에 숨겨져 있다. 당신의 고객이 정말 만족했을 때 무엇이라고 표현하였는가? 만족한 고객의 말 속에 비밀이 숨겨져 있다. 유니타스 클래스에서 브랜드의 정체성을 찾거나 개발하는 컨설팅을 할 때 칭찬을 종종 들었지만 그중 아모레 퍼시픽에서 들었던 칭찬이 가장 마음에 든다.

"우리보다 우리를 더 잘 아는군요."

유니타스 클래스가 제안한 컨셉이 마음에 들었는지 아모레 퍼시픽의 임원이 단번에 OK하며 내뱉은 말이다. 나는 유니타스 클래스가 기업의 무의식을 찾고 이를 컨셉으로 만들어내는 데 일가견이 있는 회사인 것을 고객의 칭찬을 통해서 더 명확하게 알게 되었다.

셋째, 비전과 갈망 가운데 찾아라.

'꿈꾸면 이루어진다.' 2002년 월드컵을 통해 대한민국 전 국민이 체험한 사실이다. 기업의 구성원들이 간절히 꿈꾸는 것을 통해 무의식을 찾을 수 있다. 한동안 마이크로소프트의 비전은 '모든 책상에 PC를'이었다. 부침이 심한 IT 산업에서 많은 유수한 기업이 망했지만 마이크로소프트가 지금까지 살아남고 성장한 데에는 소프트웨어 기업을 넘어서 컴퓨터로 세상을 바꾸겠다는 의지가 크게 작용했다. 환경적인 어려움이나 내부 역량의 부족을 뛰어넘는 강력한 비전과 갈망 가운데 기업의 무의식을 찾아보라.

업의 정의, 고객이 칭찬한 독특한 강점, 또는 비전과 갈망 가운데 무의식을 찾아내고 그 무의식을 현대카드, 삼성, 닌텐도처럼 의식 차원으로 이끌어 구체화하고 명문화하여 활용하면 시장에서 찾아볼 수 없는 강력한 차별점을 갖게 된다.

서비스 차별화,
자동차는 다른데 딜러 서비스는 왜 같을까?

메르세데스 벤츠와 BMW는 독일산 고급차라는 공통점이 있지만 전통적으로 서로 다른 자기만의 특성이 있다. 벤츠는 성공한 사장님에 어울리는 품격 있고 다소 보수적인 자동차인 반면, BMW는 고급스럽지만 더 젊고 개성이 강하여 전문직 종사자들에게 잘 어울린다. 벤츠는 편안함을 주고 BMW는 역동성이 더 느껴진다. 이렇게 서로 다른 자동차이지만 딜러에 방문하면 이를 판매하는 판매자의 서비스는 차별점을 느낄 수 없을 정도로 동일하다.

"딜러와 예약하셨습니까?"

BMW와 벤츠는 물론 아우디, 폭스바겐, 토요다, 닛산의 매장을 방문하면 그들은 모두 같은 말로 인사한다. 잘 차려입은 슈트에 깔끔한 헤어스타일을 한 20대 후반에서 30대 중후반의 남성이 판매하는 고급 수입차 딜러의 서비스는 무엇이 다를까? 그들은 무척 친절하지만 그들의 자동차와 같은 독특한 차별성은 서비스에서 느껴지지 않는다. 이는 마치 멋진 루이비통이나 구치 가방을 평범한 쇼핑백에 포장하여 담아 판매하는 것과 같다. 브랜드는 쇼핑백에서도 자신만의 차별적 브랜드 가치를 이야기한다.

1회용 명품 쇼핑백을 버리지 않고 잘 보관해두었다가 계속 사용하는 고객에게는 명품 쇼핑백이 명품 가방만큼이나 소중할지도 모른다. 일본의 고객들은 명품 쇼핑백을 코팅하여 장기적으로 사용할 수 있는 서비스를 활용하기까지 한다. 이렇듯, 차별적인 브랜드는 상품뿐만 아니라 광고, 포장, 서비스에서 일관되게 그들만의 독특함을 전달한다. 그런 의미에서 수입차 시장의 자동차는 자신만의 차별점이 있지만 딜러 서비스에서는 차별점을 찾기 힘들다.

반면 유니클로의 서비스는 그들의 상품만큼이나 남다르다. 일본에서 온 패션 SPA 브랜드 유니클로는 일본의 장인정신이 담긴 합리적 가격의 패션 브랜드이다. 저렴한 가격에 다양한 상품을 갖춘 유니클로는 다양한 연령대의 합리적 고객에게 매력적인 브랜드이다. 유니클로의 장점은 베이직 상품이 많다는 것이다.

베이직 의류를 주로 판매한다고 해서 유니클로가 평범한 것은 아니다. 유니클로는 패션 베이직에 대한 끊임없는 연구를 통해 베이직 의류의 극단을 보여준다. 사전 기획을 통해 고품질의 원단으로 만든 옷을 깜짝 놀랄 만큼 저렴한 가격에 판매하고, 다양한 컬러의 상품을 내놓거나 명품 디자이너와의 협업으로 명품 스타일의 옷을 만들어내기도 한다.

유니클로의 서비스는 어떨까? 유니클로의 점원은 패션 상품 판매원이라기보다 '친절한 슈퍼마켓 점원' 같다. 유니클로의 의류는 난해한 패션이 아니기에 패션적인 조언이 많이 필요하지 않다. 고객 스스로 패션에 대한 결정을 할 수 있다. 사이즈와 컬러를 찾아주는 것이 점원들의 주요 업무이다.

유니클로의 직원은 "안녕하십니까? 필요한 상품이 있으면 말씀해주세요"라는 말 이외에 불필요한 말을 걸지 않는다. 패션에 대한 조언은 고객이 물어보면 대답한다. 불필요하게 고객을 붙잡고 패션 조언을 하여 귀찮게 하는 패션 브랜드와는 다르다. 베이직 패션 상품을 판매하는 유니클로다운 서비스이다.

유니클로는 저렴하지만 서비스가 저렴한 것은 아니다. 그렇다고 고급스럽지도 않다. 그저 친절한 슈퍼마켓 같은 서비스가 유니클로를 유니클로답게 만든다. 유니클로답게 만드는 것은 그들의 서비스에 정체성이 있기 때문이다.

일반적으로 상품은 브랜드의 정체성을 구체적으로 표현한 브랜드 아

#15

한 단어의
서비스 아이덴티티는
한 권의
서비스 매뉴얼을
불필요하게 만든다.

_야생의 고객

이덴티티Brand Identity(이하 BI)에 의거하여 만들기 때문에 흔히 서비스도 BI에 의거하여 서비스하면 되는 것으로 알고 있다. 그러나 현장에서 이런 서비스 지시나 매뉴얼은 직원을 혼란스럽게 한다. '합리성'이라는 BI를 가진 유니클로는, 현장에서 '친절한 슈퍼마켓 서비스를 행하라'라고 바꾸어 말해진다고 표현할 수 있다. 즉, 서비스 아이덴티티Service Identity(이하 SI)가 BI와는 별개라는 말이다. 물론 '친절한 슈퍼마켓 서비스'라고 유니클로가 내부적으로 명명한 것은 아니다. 유니클로는 아마도 그것을 무의식적으로 체득하고 서비스하는 것 같다.

서비스 컨설팅 프로젝트 진행 시 우리는 차별화된 서비스를 구현하기 위해 매뉴얼을 만들기보다 SI를 만드는 것에 더 집중한다. 왜냐하면 제대로 된 한 단어의 SI는 100페이지 분량의 서비스 매뉴얼을 불필요하게 만들기 때문이다. 기업에서 좋은 서비스가 실천되지 못하는 것은 좋은 서비스 매뉴얼의 유무와는 관계없다. 대부분의 서비스 기업에는 매뉴얼이 있지만, 직원들은 그런 것이 있는지조차 모른다. 매뉴얼이 관리자의 서류장에 처박혀 있기 때문이다. 매뉴얼이 처박혀 있는 이유는 간단하다. 매뉴얼을 암기해야 하기 때문이고 암기해봐야 효과가 없다는 것을 경험하였기 때문이다.

고객이 디즈니를 찾는 이유는 동화 속에서 맛보았던 디즈니의 꿈과 환상을 체험하기 위해서이다. 이를 구현하기 위해 디즈니의 청소부는 빗자루로 청소만 하지 않는다. 그들은 간혹 빗자루에 물을 묻혀 검정 아스팔트 바닥을 스케치북 삼아 미키 마우스를 그리는 퍼포먼스를 연출한다. 종이를 줍는 점원에게 무엇을 하냐고 물으면 "저는 지금 꿈의 조각을 줍고 있어요"라고 말한다.

디즈니의 서비스는 친절이 목표가 아니다. 디즈니의 BI를 따라서 꿈과 환상을 체험하는 서비스를 제공하라고 하지 않고 SI를 따라서 '연극배우 cast'처럼 서비스하라고 말한다. 디즈니의 직원에게 현장과 사무실은 무대이고 그들의 서비스는 연기이다. 연극배우처럼 서비스하라고 말하는 것이 한 권의 서비스 매뉴얼을 암기하는 것보다 훨씬 더 효과적으로 직원들을 교육시킬 수 있다.

SI는 영업부서의 매출 목표처럼 상세하게 설정해야 서비스를 담당하는 직원들이 구체적으로 행동할 수 있다. 흔히 서비스의 방향을 설정하기 어려운 것은 친절함 이외에 마땅한 목표가 없기 때문이다. 국내 리딩 호텔 브랜드의 인사 담당 임원은 한 서비스 컨설팅사와 대화를 하며 이런 의문이 들었다고 한다.

"우리 호텔과 경쟁사인 A 호텔은 분명 성격이 다른데 어떻게 그 컨설팅사는 A 호텔에 제공한 서비스 시스템을 우리 호텔에 제안하는지 도통 모르겠어요. 그 컨설팅 회사는 호텔 서비스를 친절하게 제공하기만 하면 된다고 착각하는 것 같습니다."

이 임원의 말은 현재 한국 유통, 서비스 업계의 서비스 현실을 제대로 보여준다. 대부분의 브랜드들은 자신의 브랜드 성격과는 상관없이 업계 1위의 서비스 매뉴얼을 구해 그대로 실행하는 것이 최선의 방법이라 착각한다. 이는 나만의 독특하고 멋진 상품을 만들어 아무 생각 없이 경쟁사의 쇼핑백에 담아 판매하는 것과 같다.

서비스의 차별화가 없으면 브랜드 차별화는 반쪽만 성공할 수밖에 없다. 그리고 서비스 차별화는 장황한 매뉴얼이 아니라 기업의 차별화 정체성을 드러낸 한마디의 서비스 아이덴티티로 표현할 수 있어야 한다. 당신의 기업은 임직원에게 무엇처럼 서비스하라고 말하는가?

하루에 끝내는 문제 해결 여행 3
차별화를 만들어내는 '브랜드 무의식 발견'

—

　자동차의 방향을 잡는 운전대처럼 생긴 아래의 그림은 기업의 보이지 않는 무의식을 찾는 '브랜드 무의식 휠Brand Unconsciousness Wheel'이다. 이와 같은 휠을 작성하기 위해서는 기업 내에 존재하는 무의식을 발견해야 한다. 팀원들과의 워크숍을 통해 브랜드 무의식을 찾아보자.

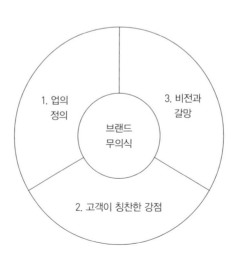

브랜드 무의식 발견 여행 스케줄

순서	소요 시간(분)	내용
1부 도입 : 아이스 브레이킹	40	기업 문화에 맞는 아이스 브레이킹을 준비하여 원활한 워크숍이 진행되도록 분위기를 유도한다. 인도자가 야생의 고객 6장 닌텐도의 자기부정 사례와 9장 중 주요 부분을 발췌하여 공유한다.
2부 토론 : 업의 정의는 무엇인가?	60	개인이 사전에 작성한 과제를 참조하여 다음의 질문을 놓고 팀 토론 후 전체 공유한다. • 자기부정을 통한 업의 정의 : 사업자등록증에 표시된 종목과 업종을 넘어선 우리만의 진실된 정체성은 무엇인가? 다음의 빈 칸을 팀원들과 같이 채워라. • 우리의 사업은 단순히 _____을 하는 것이 아니라 _____을 하는 것이다.
3-1부 토론 : 고객이 칭찬한 강점은 무엇인가?	30	개인이 사전에 작성한 과제를 참조하여 다음의 질문을 놓고 팀 토론 후 전체 공유한다. • 고객에게 받은 최고의 칭찬은 무엇이며, 이를 통해 우리의 강점을 새롭게 정의하면 무엇이겠는가?
점심	60	
3-2부 실습 : 최고의 고객 칭친 경험 드라마	6U	상상해보자. 5년 후 당신의 기업은 경쟁자와는 다른 독특한 무의식을 활용하여 업계에서 차별화된 기업으로 발돋움하게 된다. 많은 고객들이 당신의 상품과 서비스를 칭찬하는데 그중 가장 감동적으로 칭찬한 고객 한 명을 상상하고 그는 왜 그런 칭찬을 했는지, 이를 드라마나 역할극으로 표현하고 발표하라. 다음의 관점에서 드라마를 구성하면 좋다. • 고객은 누구인지 구체적(직업, 나이, 취미, 고객이 된 배경 등등)으로 표현하라. • 고객이 당신의 제품이나 서비스로 만족한 이유는 무엇인지 에피소드로 표현하라.

		• 고객은 어떤 칭찬을 하였는가? 칭찬 속에 담긴 표현은 경쟁사와 어떤 차별점을 갖고 있으며 고객이 만족한 결정적 이유는 무엇인지 구체적으로 표현해야 한다. • 당신의 기업은 이런 칭찬이 나오기까지 어떤 노력을 기울였는지 표현한다.
4-1부 토론 : 비전과 갈망	30	개인이 사전에 작성한 과제를 참조하여 다음의 질문을 놓고 팀 토론을 한다. • 당신의 기업이 버릴 수 없는 비전이나 갈망 혹은 유산은 무엇인가?
4-2부 실습 : 마지막 프레젠테이션	60	상상해보라. 아쉽지만 고객에게 사랑받던 당신의 기업이 재정적 어려움으로 경쟁사에 합병된다. 다행히 경쟁사의 경영진은 당신이 소중히 지켜온 유산에 대한 존경심이 있다. 이에 당신의 기업은 새로운 경영진에게 두 가지를 요구하려고 한다. • 고용 보장 • 유산 계승 당신의 기업이 단순히 성장을 넘어서 지켜왔던, 앞으로 지켜나가려고 하는 비전이나 갈망 또는 유산이 있는가? 또한 당신은 이 유산을 지켜달라고 새로운 경영진을 어떻게 설득할 것인지 프레젠테이션(15분)을 준비하라.
5부 토론 : 무의식은 무엇인가?	60	새로운 업의 정의, 고객이 칭찬한 강점, 남겨질 유산을 잘 살펴보라. 경쟁사는 가지고 있지 않은 당신의 기업만이 가진 독특한 무의식은 무엇인지 토론한다.

첨부 개인 사전 과제 _ 차별화를 만들어내는 '브랜드 무의식 발견'

야생의 고객 6장의 '닌텐도가 말하는 영생의 기술', 9장의 '차별화는 남다른 것이지만 남다르게 만들면 실패한다'와 '차별화의 기술, 기업이 가진 무의식을 활용하라'를 읽고 개인적으로 답안을 간략하게 작성한 후 브랜드 무의식 발견 워크숍에 참석한다.

1. 업의 정의

다음의 회사들은 자신의 사업을 아래와 같이 정의하고 있다.

- 스타벅스는 단순히 배를 채우는 사업이 아니라 사람의 영혼을 채우는 사업이다. 그리고 스타벅스는 단순히 커피가 아닌 제3의 공간의 가치를 제공하는 곳이다.
- 할리데이비슨은 단순히 오토바이를 판매하는 것이 아니라 야생마를 판매하는 사업이다.
- 루이비통을 소유한 프랑스의 LVMH그룹은 단순한 패션이 아니라 프랑스의 생활 예술 사조Art de Viva를 전 세계에 가장 세련되게 알리고 표현하는 사업을 한다.

이러한 관점에서 볼 때 당신의 브랜드는 어떤 사업(업의 정의)으로 규정할 수 있는가? 아래의 빈칸을 채워보라.

- 우리의 사업은 단순히 _____을 하는 것이 아니라 _____을 하는 것이다.

2. 고객이 칭찬한 강점

당신의 고객이 당신의 제품과 서비스를 구매하는 이유는 무엇인가? 경쟁사에서는 찾을 수 없는 독특한 특징이나 이유가 있다면 그것은 무엇인가? 지금까지 고객에게 받은 최고의 칭찬은 무엇이며, 고객은 어떤 상황에서 무슨 이유로 그런 칭찬을 하였는지 구체적으로 적어보라.

3. 비전과 갈망

　대형 컴퓨터를 중심으로 성장한 IBM과는 달리 PC를 중심으로 성장한 마이크로소프트는 '모든 책상에 PC를'이라는 원대한 비전을 갖고 사업을 운영해왔다. 그들의 갈망처럼 MS는 PC 시대를 열었고 최고의 소프트웨어 브랜드가 되었다. 이와 같은 맥락에서 당신의 브랜드가 10년 후 또는 20년 후 업계나 사회에 끼치고 싶은 영향력이나 소중히 여기는 가치가 있다면 그것은 무엇인가? 또한 무엇보다도 중요하게 기대하는 비전이나 갈망은 무엇인지 적어보라.

9장에서 기억할 것

—

　차별화는 남과 다르게 만드는 것이라는 말은 반은 맞고 반은 틀리다. 차별화의 결과만을 표현한 것이기 때문이다. 오히려 기업은 현장에서 나만이 할 수 있는 일을 찾아 남다르게 보이는 것으로 차별화를 이해해야 제대로 구현할 수 있다.

　차별화를 실행할 때에는 기업이 가진 무의식을 활용하는 것이 좋다. 인간의 행동양식이 무의식의 지배를 받는다는 프로이트의 생각은 기업에도 적용된다. 독특한 성격의 스티브 잡스는 자신의 무의식을 활용하여 애플을 특별한 브랜드로 만드는 데 성공하였는데 이는 기업에도 무의식이 있고 이런 무의식을 활용하면 브랜드가 차별화된다는 증거이다.

　기업에 잠재되어 있는 무의식은 세 가지 방법으로 찾을 수 있다.

- 업의 정의를 새롭게 함으로써 찾아라.
- 만족한 고객이 칭찬한 독특한 강점에서 찾아라.

• 비전과 갈망 가운데 찾아라.

온전한 브랜드 차별화는 상품 차별화와 함께 서비스 차별화가 동반될 때 성공할 수 있다. 자신만의 독특한 서비스를 전달하기보다 친절한 서비스만을 시도하면 고객은 브랜드 차별화를 느낄 수 없다. BMW, 벤츠, 아우디 등 수입차 브랜드는 각기 독특한 자기다운 특성이 있지만 서비스는 동일한 것이 아쉽다. 반면 디즈니는 '연극배우'와 같은 서비스 아이덴티티를 설정하여 자신만의 독특한 서비스를 구현하고 이를 통해 브랜드를 차별화한다.

10장에서는 야생의 고객이 원하는 두 가지 극단적 욕구인 소유와 존재 그리고 이를 만족시키기 위한 기술에 대해 알아보겠다.

소유적 구매론,
소유한다 고로 존재한다

고급 레스토랑에 한 쌍의 부부가 들어와 부인의 생일을 기념해 주문을 한 뒤 부인은 화장실로 향한다. 잠시 후 돌아온 그녀는 깜짝 놀란다. 식탁에 맛있는 음식 대신 쇼핑백이 놓여 있기 때문이다. 부인은 흥분을 감추지 못하고 남편이 준비한 선물을 열어본다. 포장을 푼 부인은 기쁨의 탄성이 나오는 것을 억지로 참는다. 사실 부인뿐만 아니라 레스토랑 안의 손님, 특히 여성 손님들도 놀라기는 마찬가지였다. 쇼핑백이 식탁에 놓일 때부터 주위의 시선은 온통 쇼핑백에 쏠려 있었다.

갑작스런 선물에도 놀랐지만 포장을 뜯고 부인은 더 놀랐다. 쇼핑백에는 에르메스 버킨백이 들어 있었다. 소형 승용차 한 대 값에 맞먹는 가격도 가격이거니와 버킨은 돈이 있다고 구매할 수 있는 상품이 아니다. 주문 작업 방식으로 제작되는 버킨백은 주문하고 나서도 오랜 기간 기다려야 구매할 수 있는 상품이다.

아내가 내게 해준 이야기는 여기까지였다. 아내는 나에게 가방을 사달라고 하지는 않았지만 그날 나는 왠지 죄인이 된 것 같은 기분에 먼저 일어나 설거지를 했다. 이 이야기에서 가장 흥미로웠던 부분은 부부 주위의 여성들이 보인 반응이었다. 버킨을 선물받은 것은 놀랍고 신기한 이야기가 되어 주위 여성들의 친구들에게, 친구들의 남편들에게 전해졌을 테고, 그 남편들 중 한 명은 지금 이렇게 글로 쓰고 있다.

명품은 누구나 가질 수 없고 바로 그 점으로 인해 고객이 더 갈망하게 만든다는 사실은 잘 알려져 있다. 버킨은 비싼 가격에 더해 인내심까지 요구하는 상품이다. 그러나 이런 전략은 명품만의 전유물이 아니다. 대중적인 브랜드도 명품처럼 가질 수 없게 만들어 자신의 브랜드를 갈망하게 하는 방법을 자주 사용한다. 명품과 다른 점이 있다면 범접할 수 없는 비싼 가격이 아닌 좀 다른 방식을 사용한다는 것이다.

점심시간에 동료들과 가끔 가는 갈비탕집이 있다. 그 갈비탕에는 고기가 꽤 많이 붙어 있는 먹음직스런 갈비가 그릇이 비좁아 보일 정도로 많이 들어 있다. 느끼한 갈비탕과 잘 어울리는 맛깔 나는 김치도 일품이다. 갈비와 김치가 어우러진 이 멋진 갈비탕의 가격은 8천 원이다. 갈비탕집까지는 걸어서 10분 이상 걸린다. 보통 10분 넘게 걸어 점심을 먹는다는 것이 상상하기 어렵지만 적어도 우리 사무실 동료들에게는 그런 성가심이 문제가 되지 않는다.

거리가 멀다는 것이 갈비탕집의 유일한 문제는 아니다. 사실 더 큰 문제는 하루에 100 그릇 한정 판매를 하기 때문에 좀 늦게 가면 먹지 못할 수도 있다는 것이다. 한정 판매라는 것은 묘한 신비감을 준다. 일단 갈비탕을 먹는 날에는 미리 길을 나서고 늦어도 12시에는 도착해야 갈비탕을 안전하게 주문할 수 있어서 11시 40분부터 마음이 분주하다. 길이 멀다 보니 여럿이 같이 간다. 막상 갔다가 못 먹게 되면 허탈감이 밀려온다. 갈비탕 하나에 무슨 허탈감이 생기냐고 반문할 수 있겠지만, 10분 이상 걸어서 푸짐한 갈비탕과 맛깔 나는 김치를 기대하며 찾아갔는데 막상 못 먹게 되면 그 상실감은 이루 말할 수 없다.

서울 방배동 서래마을에 위치한 행복떡집(이름은 떡집이지만 사실은 빵집에 가깝다)도 저녁에 방문하는 것은 매우 위험한 일이다. 대부분의 빵이 이미 소진되어 원하는 것을 구매할 수가 없다. 이 집의 대표 메뉴는 찹쌀떡인데 찹쌀과 함께 떡에 들어간 팥과 견과류의 조화가 뛰어나다. 신선한 빵과 떡의 공급을 위해 '당일 생산 당일 판매'의 원칙을 고수하기 위한 것이지만 시간 내서 방문했다가 허탕을 치면 살짝 분노가 치밀기도 한다.

자크 라캉Jacques Lacan은 "인간은 금지된 것을 욕망한다"고 말하였다. 인간이 제한된 것에 관심을 갖는 이유는 특별한 것이 아니라 일반적인 사고방식이며, 금지할수록 인간은 더 원하게 된다는 것이다. 한편 미국의 경제학자 토머스 소웰Thomas Sowell은 "인류 역사상 어떤 자원이든 사람들을 만족시킬 정도로 충분했던 적은 없었다"고 말한다. 소웰의 해석에 의하면 인간에게 경제 활동이란 희소한(갖기 어려운) 물품을 갖고자 몸부림치는 행위이다. 인간에게 소중하지만 희소한 산소나 물에 대해서는 경제적으로 관심조차 없는 것과는 대조적이다.

전통적으로 마케팅에서는 구매의 이유를 '필요'에서 찾는다. 그러나 고객이 구매하는 이유를 '필요성'이 아닌 '희소성'으로 해석할 때 우리는 야생의 고객을 다른 관점에서 이해할 수 있다. 고객을 갈망하게 하는 소형차 한 대 값의 에르메스 버킨백, 못 먹을까 불안하여 점심시간을 서두르게 하는 하루 100 그릇 한정 갈비탕은 그것이 본래 가진 가치보다 더 높은 욕구와 갈망을 불러낸다.

소웰의 희소성 원리를 아는 기업은 희소성을 잘 관리한다. 에르메스 버킨은 가격과 복잡한 구매방법을 통해, 갈비탕 집은 한정 100 그릇을 통

#16

인간은
금지된 것을 욕망한다.

_ 자크 라캉

금지하라!
고객은 갈망할 것이다.

_ 야생의 고객

야생의 사고와

마케팅 기술

해, 행복떡집은 당일 공급량의 제한을 통해 갈망의 대상이 된다.

　반대로 희소성을 관리하지 못하면 아무리 가치 있는 것도 가치가 하락한다. 인류 역사에서 희소성 관리의 실패는 경제적 파장을 몰고 왔다. 금과 함께 은은 매우 가치 있는 금속으로 역사적으로 많은 나라에서 귀금속과 화폐로 만들어졌다. 콜럼버스가 아메리카 대륙을 발견한 이래 유럽인들은 남미에 은이 많이 있다는 것을 알고 앞다투어 은을 채굴하였고 막대한 은이 유럽으로 흘러들어갔다. 당시 유럽인들은 막대한 부가 창출되었다고 믿었지만 그것은 잠시뿐이었다. 너무 많은 은이 들어오자 은값은 폭락했고 아무도 은을 찾지 않게 되었다. '희소성'은 야생의 고객이 가치를 결정하는 가장 중요한 기준 중의 하나이다.

　알랭 드 보통은 그의 저서 《불안》에서 이 시대 가장 견디기 어려운 성공은 친구의 성공이라고 했다. 이 시대 자본주의 사회는 모든 것이 풍요로워졌지만 자살은 늘어나고 궁핍은 더해간다. 지금의 궁핍은 절대적 궁핍이 아니라 상대적 궁핍에서 기인한다. 인간은 갖지 못한 것을 갈망하고 갖지 못하게 되면 불안해진다는 것이 알랭 드 보통의 메시지이다.

　같은 맥락에서 남들이 쉽게 갖지 못하는 '희소성'은 고객의 불안을 야기하고 궁극적으로는 고객의 갈망으로 이어진다. 그렇다면 고객 입장에서 불안을 회피하는 최선의 방법은 무엇일까? 그것은 소유다. 때로 고객은 소유했을 때 만족한다기보다 안도한다고 보는 것이 맞다. 오늘날 소비의 자본주의 사회에서 소유는 고객이 불안을 최소화하는 가장 좋은 방편이다.

　당신은 두통이 생기면 어떤 해결책을 떠올리는가? 만약 '아스피린'이나 '타이레놀'이 생각난다면, 에리히 프롬은 이렇게 말할 것이다.

"당신은 약이라는 것을 소유함으로써 두통을 해결하는 전형적인 자본주의적 인간으로 살아가고 있다. 자본주의 이전의 인간은 두통이 날 때 쉬거나 잠을 자는 편안한 방법으로써 문제를 본질적으로 해결하였다. 그러나 자본주의 사회에서 인간은 두통약을 소비(소유)함으로써 문제를 해결한다."

자본주의 시장경제에서 인간은 소유하고 고로 존재한다고 믿는다. 쇼핑 중독자는 소유함으로써 존재한다는 구매 이유를 비교적 명확히 보여 준다. 쇼핑 중독자들은 기능적으로 필요한 상품을 구매하는 것이 아니다. 쇼핑 중독자들의 고백을 보면 그들의 만족감은 상품을 구매하기 위해 카드를 긁는 순간 극대화되고 쇼핑백을 건네 받는 순간부터 만족감은 감소된다. 만족감의 감소는 계속 지속되어 집으로 돌아오는 순간부터는 구매한 것을 후회한다. 그들은 제품을 사용함으로써 만족감을 얻는 것이 아니라 소유함으로써 만족감을 얻는 것이다.

구매의 소유를 통해 만족을 얻으려 하는 것은 쇼핑 중독자에게만 나타나는 현상이 아니다. 쇼핑 채널을 보다가 막바지에 '마감 임박'이라는 메시지가 뜨면 가슴은 왜 두근거릴까? 상품이 곧 없어질지 모른다는 불안감을 자극하고, 이는 소비하여 소유하고 싶은 강한 갈망을 불러내기 때문이다. 오늘날 고객에게 소유에 의한 만족은 일상적이다.

명품의 기술,
금지를 규칙화하라

"H&M을 좋아하는데 가능하면 매주 매장에 가요. H&M은 옷을 많이 만들지 않아서 조금만 늦어도 인기 아이템은 사이즈가 금방 빠지거든요."_직장인 3년 차, 20대 후반 남성 박상대 씨(가명)

IT 기술과 글로벌 소싱 생산 능력 그리고 트렌드 포착력을 활용하여 패션 트렌드를 잘 반영한 매력적인 제품을 엄청난 속도로 공급하는 패스트 패션fast fashion 브랜드인 H&M의 매장은 늘 신선하다. H&M 고객 중에는 꼭 구매하지 않더라도 매주 매장을 찾는 이들이 많다. 그들이 매주 방문하는 이유는 새로운 상품을 보기 위해서이지만 좀 다른 해석도 가능하다.

'고객은 새로운 상품을 놓칠까 불안해서 주기적으로 매장을 방문한다.'

H&M은 박상대 씨의 말처럼 많은 수량을 생산하지 않고 스스로 공급량을 제한하고 규칙적으로 금지한다. H&M을 좋아하는 고객들은 자신이 원하는 상품을 갖지 못할까 염려하는 일종의 '불안'을 경험한다. 만약 구매를 못하게 되는 불쾌한 경험을 두세 번 하면 고객은 불안을 회피하기 위해 규칙적으로 매장을 방문하거나 구매를 하게 된다.

고객이 원하는 갈망의 브랜드를 만들려면 금지를 규칙화해야 한다. 한정된 수량이 시간의 규칙성으로 연결되면 효과는 극대화된다. 한정된 상품은 고객의 관심을 유발하고 관심 있는 상품이 금지되어 구매가 좌절되

#17

갈망의 브랜드는
쉽게 가질 수 없도록
금지되고
금지는 규칙화되어 있다.

_야생의 고객

는 경험이 있으면 고객은 불안해진다. 만약 금지를 규칙화하면 고객은 반복되는 불안을 회피하는 습관을 스스로 만든다. 습관이 고착화되면 마침내 고객은 '필요'가 아닌 '갈망'에 의해 구매하게 된다. 대중 브랜드도 금지로 차별화하는 명품처럼 자신의 제품을 판매하는 메커니즘을 갖게 되는 것이다.

경제학자 토머스 소웰, 정신분석학자 자크 라캉과 철학자 에리히 프롬에게 고객이 갈망하는 브랜드란 무엇이냐고 물어보면 그들은 이렇게 대답할 것 같다.

고객의 욕구는 고객 자신의 욕구가 아니다. 그들의 욕구는 자신에게는 금지된 타인의 욕구에 머물러 있다. 따라서 고객이 갈망하는 좋은 상품이란 고객에게 얼마나 필요하다거나 어떤 경제적 가치가 있느냐의 문제가 아니다. 고객은 가질 수 없다고 느낄 때 불안해하고 이를 회피하기 위해 구매하여 소유한다. 고객이 갈망하는 상품을 만들고 싶다면 쉽게 가질 수 없도록 금지하고 금지를 규칙화하라.

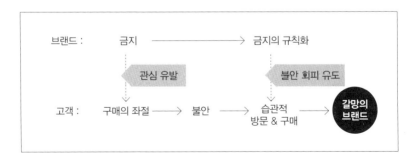

존재적 구매론,
존재한다 고로 소유하지 않는다

식인 사회에서 식인을 하는 것은 단순히 배고픔을 채우기 위해서만은 아니다. 그들은 용맹한 장수의 육체를 먹으면 영혼까지 먹을 수 있다고 생각한다. 식인 습관도 그렇지만 영혼을 먹는다는 것은 더 이해하기 어렵다. 하지만 에리히 프롬은 육체뿐만 아니라 영혼까지 먹으려는 인간의 과도하고 황당하기까지 한 욕구가 현대 자본주의 소비사회에서도 동일하게 일어나는 현상임을 통찰하였다.

소비의 사회에서는 소유함으로써 행복이 찾아온다는 생각을 갖고 소비를 한다. 이런 소비생활로 인해 지금 우리의 옷장에는 오래전 구입해놓고 한 번도 입지 않은 옷이 있고, 판매 가격표도 떼지 않은 옷도 간혹 있다. 집 안 창고도 크게 다르지 않다. 1+1 행사 때 횡재하듯 구매를 하였지만 포장도 뜯지 않은 상품이 여전히 있다.

소유가 행복을 준다는 말은 어느 정도 타당하지만 옷장 속에 가득 찬 옷을 보고 행복을 느끼기보다 여전히 새로운 옷에 목말라하는 헛된 욕구에 빠진 자신의 모습을 자각한다면 소유가 꼭 행복을 주는 것만은 아니라는 생각을 하게 될 것이다. 구매 후 권태로움을 느끼는 것은 심리적인 문제가 있는 쇼핑 중독자만의 문제가 아니다. 일반인들도 그런 권태로움을 종종 느낀다.

구매 후에도 여전히 느껴지는 권태로움은 어떻게 해결해야 할까? 우리는 소비를 통하여 소유하는 삶과 다른, 정반대 편에 있는 삶의 스타일에

이런 빵집의 빵을 구매하는 고객은 배타적 소유가 아닌
사회적 약자와의 공존을 통해 만족한다.

서 해답을 얻을 수 있다. 소유하는 삶의 반대편에 있는 삶 중 하나가 존재
하는 삶이다. 자신이 살고 있음을, 자신이 사랑하고 있음을, 자신이 타인
과는 물론 자연과의 공존을 통해 자신이 존재하고 있다고 믿는 삶이다.

과거에 이런 문제는 경제적인 문제가 아닌 사회적인 문제이거나 철학
적인 문제였다. 소유가 아닌 존재의 삶을 고민하는 사람들에게 소유적 소
비를 조장하는 기업은 사회를 병들게 하는 암적인 존재로 보였다. 그러나
지금은 인간을 존재하게 하는 것을 시장경제에서 실험하는 기업이 있다.
바로 사회적 문제를 해결하기 위해 만들어진 사회적 기업이다.

시장경제에서 빵집은 빵을 만들어내기 위해 종업원을 고용하지만 미
국의 루비콘 베이커리Rubicon Bakery에서는 고용하기 위해 빵을 만든다.

루비콘 베이커리의 존재 이유는 좋은 빵을 만들어 이를 고객이 소유하게 하거나 자신들의 이익을 극대화하는 것이 아니다. 루비콘 베이커리는 일자리를 얻을 수 없는 미혼모, 전과자를 비롯한 사회적 약자를 종업원으로 채용하여 그들이 스스로 세상을 살아가도록 돕고 있다.

루비콘 베이커리가 처음 세워졌을 때 많은 사람들이 이런 기업의 생존 능력을 의심하였지만 루비콘 베이커리는 지금도 활발히 기업 활동을 하고 있다. 루비콘 베이커리와 같은 사회적 기업을 좋아하는 야생의 고객은 소비를 통해 사회 문제를 해결하는 데 동참한다. 그들은 구매의 소유에 의한 만족감이 아니라 약자를 사랑하고 자연과 사회와 공존하기 위해 소비한다. 과거에는 볼 수 없었던 사회적 기업의 제품을 소비하는 야생의 고객은 어떤 사고를 하는지 그리고 이런 야생의 고객을 매료시키는 사회적 기업에서 우리는 무엇을 배울 수 있는지 살펴보겠다.

사회적 기업의 마케팅 기술 1, 고객을 존재하게 하라

"그런 제품은 사줘야 되는 것 아닌가요? 요즘 젊은 사람들은 그렇지 않은가 봐."

50대 후반 주부인 권희영 씨(가명)는 장애인을 고용하여 세제를 만드는 기업의 제품에 관한 사용 경험을 이야기하다가 쑥스러운지 살짝 얼굴을 붉힌다. 공장 견학을 통해 우연히 제품을 알게 된 권희영 씨는 봉사 활동에도 관심이 많은 따뜻한 사람이다. 장애인을 위해 기부도 하는데 하물며 장애인을 고용하여 일자리를 만들어주고 급여도 지급하는 그런 좋은 곳에서 만드는 질 좋은 세제를 구매하는 것은 당연하지 않느냐고 말한다. 그녀에게 세제는 기부에 대한 감사의 선물 정도이다. 대가 없이 기부하려 했는데 선물까지 덤으로 주니 그녀에게는 보람 있는 쇼핑이다.

반면 고객 조사에 참여한 다소 젊은 주부와 직장인의 의견은 다르다. 지방 신문사에서 직장생활을 하다가 육아 때문에 잠시 일을 그만둔 30대 중반의 주부 김해숙 씨(가명)는 오히려 장애인을 고용한 사회적 기업의 제품을 꺼려 한다. 오히려 기부를 하는 것이 낫지 굳이 장애인을 고용한 사회적 기업에서 만든 세제를 쓰지는 않겠다고 한다. 장애인이 만든 제품의 품질을 신뢰하지 못한다는 것이다. 평소 정부나 종교단체보다도 대기업을 더 신뢰하는 그녀는 가능한 한 전문성이 있고 신뢰도가 높은 대기업에서 생산한 제품을 쓴다.

한편 30대 초반의 직장여성인 진정심 씨(가명)는 사회적 기업이나 복지단체에서 생산하는 제품을 무조건 옹호하는 권희영 씨나 사회적 기업의 제품력에 의심을 품고 대기업 제품을 선호하는 김해숙 씨와는 전혀 다른 구매 시각을 가지고 있다. 프로페셔널한 면모를 보이는 진정심 씨는 말할 때도 분명한 태도를 보이는 것처럼 평소 제품을 고를 때에도 이성적으로 가치를 따지며 구매하는 타입이다.

진정심 씨는 권희영 씨처럼 약자를 보면 돕기보다 좀 냉정한 태도를 보인다. 그녀는 지하철이나 버스에서 구걸하는 노숙인에게 천 원짜리 한 장 준 적 없다. 진정심 씨는 고객 조사에 참가한 주위의 시선을 전혀 의식하지 않고 베풀지 않는 자신의 냉정한 태도에 대해 당당하게 이야기한다. 그러나 진정심 씨는 외적으로 냉정하게 보였지만 권희영 씨처럼 따뜻한 마음을 가진 인간이라는 것을 아는 데에는 5분도 채 걸리지 않았다.

진정심 씨는 사회적 기업에도 어느 정도 지식을 갖고 있었다. 그녀는 출판 사회적 기업에서 만드는 일명 노숙인 자활 잡지인 〈빅이슈Big Issue〉를 자주 구독한다. 그녀가 〈빅이슈〉를 구매하는 이유는 단순히 잡지 내용이 읽고 싶어서가 아니다. 그녀는 노숙인에게는 단돈 천 원도 주지 않으면서 왜 5천 원이나 하는 노숙인 자활 잡지를 구매할까?

진정심 씨가 구걸하는 노숙인에게 돈을 주지 않는 가장 큰 이유는 자신의 돈이 쓸모없이 버려질 수 있다는 생각 때문이었다. 이는 〈빅이슈〉의 창업자인 고든 로딕Gordon Roddick의 창업 동기와 같다. 로딕은 〈빅이슈〉를 창업하기 전에 노숙인들을 돕는 일을 하였는데 당시 노숙인들에게 돈을 주니 밥을 사 먹거나 새로운 인생을 사는 데 보태지 않고 술을 사 먹고 또다시 길거리에 누워 있는 것을 보고 매우 낙담하였다. 로딕은 단지 돈을 주는 행위로는 노숙인의 삶을 변화시키지 못한다는 결론에 도달하였다. 한편 로딕은 노숙인에게 필요한 것은 삶을 지탱할 수 있게 하는 직업이라는 결론을 내리고 〈빅이슈〉를 창간했다.

이와 마찬가지로 진정심 씨는 자신의 돈이 단돈 백 원이라도 술을 마시는 등 쓸 때 없는 데 쓰이는 것이 무척이나 허탈하다고 한다. 똑 부러진 모습을 보이는 진정심 씨의 평소 생활 습관이나 쇼핑 습관을 연상하면 당연한 일이다. 사회적 약자를 돕고 싶으나 규모 없이 돕는 데에는 절대 참여하지 않는다는 것이 진정심 씨의 입장이다.

사회적 약자를 제대로 돕고 싶은 진정심 씨에게 〈빅이슈〉는 아주 좋은 대안이다. 빅판*이라고 불리는 노숙인 판매원이 5천 원짜리 〈빅이슈〉 한 부를 판매하면 절반인 2,500원을 벌 수 있다. 그리고 빅판은 〈빅이슈〉를 판매하기 위해 노숙인으로서가 아닌 사회 구성원으로서 과거와는 다른 삶을 향해 한 걸음 나아갈 수 있다.

나 또한 서울 지하철 2호선 삼성역 입구에서 〈빅이슈〉를 판매하는 빅판을 통해 처음 이 잡지를 구매하게 되었다. 당시에는 새로운 신규 상품을 조사해보고자 하는 동기에서 한 번만 구매하려 하였지만 〈빅이슈〉 구매는 그 이후로도 계속 이어졌다. 그 이유는 빅판 아저씨의 감동적 스토리 때문이었다.

간혹 빅판은 〈빅이슈〉에 자신의 인생 스토리나 지난 한 달 동안의 사건을 일기나 편지 형식으로 적은 쪽지를 함께 동봉한다. 삼성역의 빅판은 몇 년간의 노숙생활을 거쳐 가족과도 인연을 끊고 살았으나 이제는 〈빅이슈〉를 통해 포기했던 삶에서 벗어나 한 걸음 한 걸음 나아가고 있었다. 그는 작은 돈이지만 허투루 쓰지 않고 조금씩 모아서 좁은 공간이라도 잠잘 곳을 마련하고 지난달 처음으로 헤어진 딸과 연락하게 되었다고 한다. 이 이야기를 듣고 어찌 다음 호를 사지 않을 수 있겠는가? 고객이 〈빅

● 영업 실적 향상보다 스스로의 자활에 초점을 맞춘 빅판의 열 가지 행동 수칙은 다음과 같다. ① 배정된 장소에서만 판매한다. ② 〈빅이슈〉 ID카드와 복장을 착용하고 판매한다. ③ 빅판으로 일하는 동안 미소를 지으며 당당히 고개를 든다. ④ 술을 마시고 〈빅이슈〉를 판매하지 않는다. ⑤ 흡연 중 〈빅이슈〉를 판매하지 않는다. ⑥ 판매 중 시민들의 통행을 방해하지 않는다. ⑦ 이웃인 길거리 노점상과 다투지 않고 협조한다. ⑧ 빅판으로 활동하는 동안에는 〈빅이슈〉만 판매한다. ⑨ 긴급 상황 시 반드시 빅이슈로 연락한다. ⑩ 하루 수익의 50퍼센트는 저축한다.(출처 : 빅이슈코리아 홈페이지)

이슈〉를 구매하는 것은 한 권의 잡지를 구매하는 것에서 끝나는 게 아니라 경제적으로 극심한 어려움에 처한 한 사람과 그가 속한 가정에 새로운 삶을 선물하는 일이다.

〈빅이슈〉 같은 사회적 기업이 주는 만족감은 소유함으로써 만족하게 하는 브랜드와는 다르다. 진정심 씨처럼 정확한 삶의 태도를 갖는 고객이 〈빅이슈〉를 구매하는 것은 자신의 5천 원이 허투루 쓰이지 않고 절반이 사회적 약자에게 돌아가고, 사회적 약자들은 그 돈을 술 사 먹는 데 쓰지 않고 삶을 변화시키는 데 쓴다는 확신이 있기 때문이다. 그리고 진정심 씨는 자신이 사회적 약자를 사랑하고 있음을 깨닫고, 사회와 공존하고 있음을 소중히 여긴다. 그것이 진정심 씨가 구매하고 소비하는 이유이다.

사회적 기업의 제품을 구매하는 야생의 고객이 이타적인 마음이나 사랑을 표현할 때, 그들의 사랑은 무조건적이지 않다. 아름다운 냉혈한인 그들의 사랑은 조건적이다. 과거 복지단체의 제품을 무조건 옹호했던 어머니 세대와는 다른 태도를 보인다. 그들의 사랑은 자신의 도움이 지속 가능함을 확신할 때 구매로 이어진다. 이때 고객은 권태로움을 느끼는 소유적 소비에서 벗어나 소비를 통해 자신이 스스로 존재하고 있음을 소중히 생각한다.

야생의 고객이 무조건적인 사랑이 아니라 규모 있는 조건적 사랑을 한다는 것은 영리기업의 사회적 책임 활동인 CSR corporate social responsibility에 많은 시사점을 준다. 이제 고객은 기업이 무조건적으로 사회적 약자를 현금으로 돕는 것을 그다지 좋게 여기지 않는다. 현금으로 사회적 약자를 돕는 것에는 한계가 있다는 사실을 고객은 잘 알고 있다.

과거에는 기업이 사회적 약자를 도우면 착한 기업이라고 칭찬했지만 야생의 고객은 '아니, 그게 누구 때문에 번 돈인데 당신 마음대로 규모 없이 돈을 기부하지? 도우려면 〈빅이슈〉처럼 제대로 스마트하게 도와야 하는 것 아닌가?' 하고 여긴다. 당신의 기업이 여전히 현금 기부 형식의 CSR 활동만을 고집한다면 고객은 당신을 '착한 기업'이 아니라 '생각 없는 기업'으로 인식할 것이다.

사회적 기업의 기술 2, 보이지 않는 가치를 계량화하고 시각화하라

"이거 명품인가요?"

유니타스 클래스의 브랜드 교육 과정에서는, 교육에 참여한 수강생들이 강의장에서 배운 사례를 거리와 매장에서 직접 조사하고 강의장에 와서 토론을 통해 브랜드의 성공 실패 원리를 학습하게 한다. 교육에 소개된 거리 체험 사례 가운데 많은 사람들이 호기심을 갖고 영감을 받는 브랜드 중 하나가 스위스의 사회적 기업이자 재활용 가방 브랜드인 프라이탁Freitag이다. 교육 참가자들은 프라이탁의 높은 가격에 놀라 명품이 아니냐고 묻기도 한다. 프라이탁의 고객은 왜 비싼 재활용 가방을 구매하는 것일까?

프라이탁은 트럭에서 버려지는 소재를 활용하여 만든 재활용 가방 브랜드다. 트럭을 덮는 덮개인 방수포를 가방 원단으로, 안전벨트를 가방

끈으로, 타이어 튜브를 마감재로 재활용하는데, 이런 재활용 시스템이 자연스럽게 세상에 단 하나밖에 없는 가방을 만들어낸다. 프라이탁의 재단사는 매일 다른 종류의 트럭 원단을 갖고 가방을 만든다.

지구를 살리는 재활용 가방이라는 것도 좋지만 만드는 과정이 대부분 수작업으로 이루어져 세상에 단 하나밖에 없는 가방이라는 점이 매력적이다. 단 하나밖에 없다는 측면에서 상품 하나하나가 한정품인 까닭에 프라이탁의 금지와 차별의 기술은 명품인 에르메스도 울고 갈 정도이다. 프라이탁을 처음 대면한 고객들이 명품 아니냐고 묻는 것은 자연스런 현상이다.

'지구를 살리는 세상에 단 하나밖에 없는 가방'이라는 좋은 매력이 있지만 프라이탁의 성공 이유는 그들의 커뮤니케이션 방식에서도 묻어난다. 프라이탁은 재활용 가방을 만드는 데서 일어나는 온갖 사소한 것들을 버리지 않고 재활용하여 이야기하는 커뮤니케이션의 달인이다.

프라이탁의 원단 공급자는 원단 회사나 소재 회사가 아니라 트럭 회사나 중고 고물상이다. 프라이탁이 어떻게 원단을 구하는지, 세탁했지만 여전이 얼룩이 있는 원단을 통해 어떻게 창의적으로 디자인하고 재단하여 하나의 가방을 만드는지 이야기하는 것은 다른 가방 회사나 패션 회사가 갖고 있지 못한 좋은 스토리다.

버려져 아무 쓸모없을 뿐만 아니라 오히려 환경을 더럽힐 수 있는 트럭의 덮개, 안전벨트, 타이어 튜브가 명품으로 취급될 정도로 가치 있는 가방이 되는 요술 같은 과정에 고객은 호기심을 갖는다. 또한 본사의 매장을 버려진 트럭의 컨테이너를 활용하여 꾸밀 정도로 재활용을 요식행

위가 아니라 진지한 태도로 대하는 프라이탁 사람들의 진정성에 감동을 받는다.

고객이 갖는 이런 호기심과 신뢰는 제품의 특징이나 외관 그리고 효용성만으로 설명할 수 없다. 이런 관점에서 프라이탁 같은 사회적 기업의 마케팅에는 두 가지 시사점이 있다.

첫째, 제품의 특징이 아니라 제조 과정이 주는 신뢰를 전달하라.

열성적인 사회적 기업 고객의 첫 구매 패턴은 영리기업의 첫 구매와는 조금 다르다. 오프라인 유통을 활용하는 일반 소비재 브랜드의 경우, 고객들은 길을 가다 눈에 띄어 마음에 들면 처음 구매한다. 자연스럽게 기업은 매력적인 매장으로 꾸미기 위해 많은 투자를 한다. 반면 투자비가 부족한 사회적 기업은 이런 마케팅을 할 수 없다. 예쁘게 매장을 꾸미기는커녕 변변한 매장을 갖추기도 어려울 지경이다. 그래서 사회적 기업의 제품은 좀 다른 경로를 통해 고객과 대면하여 첫 구매가 일어난다.

"교회에서 단체 견학을 갔다가 구매하게 되었어요."

"엄마가 (사회적 기업 제품인) ○○○을 좋아해요. 제대로 만들었다고 하던데요. 써보니 좋더라고요."

"제품 만드는 과정을 알게 되어 관심을 갖게 되었어요."

고객은 사회적 기업의 제품 특징이 아니라 만드는 과정을 알게 되어 구매한다. 프라이탁 같은 사회적 기업은 제품 만드는 과정의 독특함을 잘 활용하여 고객의 호기심과 신뢰를 얻는다. 사회적 기업 제품의 첫 구매는 공장 또는 본사 견학과 같은 직간접 체험을 통해 구매되는 경우가 많다.

고객은 사회적 기업의 제품이 100퍼센트 유기농 밀로 만들었다든지,

#18

제품의 신뢰를
얻으려면
제품의 특성이 아니라
제품의 제조 과정을
이야기하라.

_야생의 고객

장애인이 만든다든지, 기계가 아닌 수작업으로 만든다든지 또는 빅판이 직접 판매하는 독특한 과정을 체험함으로써 신뢰감을 갖게 된다. 잡지를 판매하는 빅판이나 상품을 제조하는 장애인과 나눈 대화는 잊히기 어렵다. 견학을 갔다 온 고객은 자신의 체험을 가족과 친구에게 이야기하고 가족들은 간접 체험을 한다.

사회적 기업이 고객에게 과정을 통해 신뢰감을 주는 것은 영리기업에도 큰 시사점을 준다. 제품의 장점만을 부각하면 고객은 제품에 호감을 갖기보다 의심부터 한다. 영업을 경험한 사람이라면 이런 사실을 잘 알고 있을 것이다. 인간은 새로운 정보를 마주할 때 일반적으로 판단하려고 한다. 낯선 이가 좋다고 소개하는 새로운 제품을 좋게 보기보다 혹시 감추는 것은 없을까 하고 의문을 품는다. 특히 대부분의 사회적 기업은 작은 규모의 사업 형태로 운영하기에 대기업이나 중견기업이 주는 신뢰감이 없다. 사회적 기업이 그럼에도 고객에게 신뢰감을 갖게 하는 이유는 제품 정보가 아니라 제품을 만들어내는 과정을 알리는 데 중점을 두기 때문이다.

둘째, 계량화된 문제 해결 공식을 만들어라.

내적으로는 이타적이지만 외적으로는 절대 허투루 돈을 쓰지 않는 아름다운 냉혈한인 사회적 기업의 고객을 설득하기 위해 사회적 기업은 자신의 문제 해결 방식을 계량화하거나 시각화한다. 비영리 단체인 '비전케어'는 제3세계에서 사회석 약자에게 안과 시술을 해주며 시력을 찾아주고 시력이 나빠지는 것을 예방해주고 있다.

매달 1만 원을 기부 받아 모은 12만 원은 자원봉사하는 안과의사에게

제3세계의 어린이들이 신발을 신지 못하는 것을 안타깝게 여긴 탐스의 창업자는 세상에 없던 새로운 신발을 만든다. 탐스가 창조한 것은 신발의 디자인이나 기능이 아니라 판매 방법이다. 탐스의 디자인은 남미의 전통 신발을 참고하였지만 그들의 판매 방식은 세상 어디에서도 볼 수 없었던 것이다. 고객이 신발을 한 켤레 사면 제3세계 어린이에게 한 켤레가 전달되는 식이다. 한 켤레를 사면 한 명의 어린이가 행복해진다는 따뜻한 이야기는 이해하기 쉬운 계량화된 문제 해결 공식이다. 탐스는 'one for one' 때문에 폭발적인 인기를 얻었을 뿐만 아니라 고객의 신뢰를 이끌어냈다.

전해져 시력을 잃어가는 아프리카인 한 명을 수술할 수 있는 원가와 정확히 일치한다. 매달 1만 원을 기부하면 아프리카에 사는 심봉사가 눈을 뜰 수 있다는 말이다. 〈빅이슈〉 한 권을 사면 구매한 금액의 절반이 노숙인에게 돌아가 그 사람의 자립을 돕는다는 말은 이해하기 쉽고 고객의 기부나 구매가 어떻게 사회적 약자를 돕는지 수량적으로 명확히 전달된다.

　사회적 기업이 제품의 제조나 사회적 문제 해결 방법을 수량화하거나 시각화하는 것이 효과가 있다는 것은 고객이 제품뿐만 아니라 그 제품을 만든 기업이 어떤 활동을 하는가에 관심이 있다는 이야기이다. 신뢰 받고 싶은 기업은 신뢰 받을 수 있는 행동과 더불어 그 행동을 어떻게 하는지 명확히 시각화할 수 있어야 한다. 탐스의 one for one처럼 말이다. 탐스와 〈빅이슈〉의 성공은 그들이 만들어낸 신발과 잡지의 상품성에 기인하는 것이 아니라 그들만의 문제 해결 공식을 명확히 보여주기 때문이다.

10장에서 기억할 것

—

　쇼핑 중독자들이 상품을 사용함으로써 즐거움이나 만족감을 느끼기보다 구매로 인한 소유를 통해 만족감을 얻는다는 사실은 일반 고객에게서도 흔히 발견된다. 홈쇼핑 채널에서 마감 임박이라는 소리를 듣고 가슴이 뛰어 결국 전화를 하고야 마는 고객은 상품의 '필요'보다 '소유'를 위해 구매하는 축에 속한다고 할 수 있다.

　만약 경제학자와 정신분석학자에게 소유를 통한 만족을 지향하는 고객을 해석해달라면 어떤 답변을 할까? 인간이 '필요한 것'을 갈망하는 것이 아니라 남들이 갖지 못한 '희소한 것'을 갈망한다고 밝힌 미국의 경제학자 토머스 소웰과 인간은 쉽게 가질 수 없는 금지된 것만을 욕망한다고 주장한 프랑스 철학자 자크 라캉에게 고객이 좋아하는 브랜드란 무엇이냐고 물어보면 그들은 이렇게 대답할 것 같다.

　고객의 욕구는 고객 자신의 욕구가 아니다. 그들의 욕구는 자신에게는 금지된 타인의 욕구를 반영한다. 고객이 갈망하는 상품을 만들고 싶다면 쉽게 가질 수 없도록 금지하고 금지를 규칙화하라.

반면 사회적 기업의 제품을 구매하는 고객은 소비의 소유를 통해 만족 감을 느끼는 것에 권태로움을 느낀다. 야생의 고객 중 특히 이타적 성향 을 보이는 고객은 소유가 아닌 존재함을 원한다. 이런 고객은 과거 어머 니 세대가 복지단체를 무조건적으로 후원하던 따뜻한 기부가의 면모와 는 다른 방식으로 타인을 돕는다.

아름다운 냉혈한인 사회적 기업의 고객들은 단돈 천 원도 노숙인에게 준 적 없지만 노숙인들의 자활을 위해 만들어진 잡지인 〈빅이슈〉는 주저 없이 구매한다. 노숙인의 동전통에 던져진 동전이 술값으로 쓰일 수 있다 는 사실에 야생의 고객은 절망하는 반면, 〈빅이슈〉를 구매한 5천 원의 절반이 노숙인에게 흘러감으로써 온전한 일자리와 함께 제2의 인생을 선물한다는 사실에 야생의 고객은 환호한다. 〈빅이슈〉는 단순한 잡지가 아니라 노숙인 스스로의 자활을 돕는 명확한 문제 해결 프로세스를 제시 함으로 야생의 고객은 안심하고 구매한다.

자신들의 사회적 문제 해결 방법을 잘 커뮤니케이션하는 사회적 기업 의 마케팅은 영리기업에게 큰 시사점을 준다.

- 제품의 특징이 아니라 제조 과정이 주는 신뢰를 전달하라.
- 계량화된 문제 해결 공식을 만들어라.

11

트렌드와
스토리 마케팅의 기술

한 명의 고객은 야생의 소리를, 백 명의 고객은 화음을 낸다

아프리카의 평온한 마라 강은 해마다 일순간 살육의 현장으로 변한다. 살육이 벌어지기 전 마라 강변 한쪽에는 막 도착한 아프리카 소의 일종인 건장한 '누gnu' 수천 마리가 줄지어 있고 강에서는 굶주린 악어 수십 마리가 굳이 자신의 몸을 숨기지 않고 여유롭게 헤엄쳐 다닌다.

만약 초원에서 누가 사자 같은 포식자를 만났다면 도망갔을 것이다. 그러나 누는 포식자인 악어가 자신들을 노리는 것을 알면서도 도망치지 않는다. 악어도 굶주려 있지만 공격을 하기는커녕 여유롭게 강에서 노닐 뿐이다.

이런 평온함은 용감한 한 마리의 누가 강물에 뛰어듦으로써 깨진다. 그 누는 마라톤의 시작을 알리는 총성처럼 수천 마리의 누를 전진시켜 한꺼번에 강으로 뛰어들게 만든다. 노련한 악어는 처음 뛰어든 건장한 누를 노리지 않고 그냥 피한다. 아무리 악어라고 해도 육중한 누의 발굽에 밟히면 치명상을 입을 수 있기 때문이다. 악어들이 노리는 것은 뒤따라오는 어린 누나 병든 누다. 흙빛 강물은 곧 피로 물들고 어린 누를 눈앞에서 잃은 어미 누는 하염없이 강을 바라보지만 살아남은 다른 누들은 돌아보지도 않고 앞으로 계속 전진한다.

무엇 때문에 누는 죽음이 도사리고 있는 마라 강을 매년 건널까? 그 이유는 우기와 건기가 반복되는 기후 변화와 이에 따른 대이동 때문이다. 누뿐만 아니라 얼룩말, 사슴 등 다양한 아프리카의 동물들은 먹이를 찾아이동한다. 굶어 죽지 않기 위해 먹이를 찾아나서는 그들을 어떤 장애물도 막지 못한다.

누들이 무리를 따라 강물을 건너는 것은 그들의 자유로운 의사선택이라기보다 생존을 위한 필연적 선택이다. 그들에게는 무리를 지어 강을 건너는 것 말고는 다른 대안이 없다. 한 마리의 용감한 누가 강으로 뛰어들면 다른 누들은 결국 무리의 선택을 따라 강물에 뛰어든다. 생존을 위해 무리를 따르는 것은 아프리카 누만이 하는 것은 아니다. 시장에서 고객도 생존을 위해 무리의 결정에 따른다.

1967년, 가수 윤복희 씨는 여성 패션계에 큰 사건을 일으킨다. 미국에서 돌아온 그녀는 미니스커트를 입고 입국했는데 지금의 시각으로 보면 길거리에서 흔히 볼 수 있는 패션이지만 당시 보수적인 한국 사회의 분위기에서 그녀의 미니스커트가 준 당혹감은 2000년대 등장한 여성 걸그룹 가수들의 어떠한 노출 경쟁보다 파장이 컸다. 보수주의자들은 짧은 스커트를 입는 풍조를 비판했고 급기야 경찰은 미니스커트 입은 여성들을 단속했다.

경찰의 단속과 사회적 비판이 이어졌지만 "인간은 금지된 것을 욕망한다"는 라캉의 말처럼 신기하게도 미니스커트를 입는 것은 일부 개성 강한 사람들의 독특한 패션이 아니라 점점 더 일반 대중의 욕망으로 소비되었다. 미니스커트의 유행은 지금까지도 이어져 단지 미니스커트만 소비되는 것이 아니라 이를 제대로 소화하기 위해 다이어트를 하고, 그에 어울리는 하이힐, 핸드백 등 패션 아이템까지 덩달아서 소비되며 거침없이 커져왔다.

미니스커트는 초기에 일부를 중심으로 파격적 유행이 되었다. 그러나 유행이 지나쳐 너도나도 입으면 이때의 유행은 고객에게 파격이 아닌 억압이 된다. 이런 유행을 빗대어 철학자 최진석 교수는 "미니스커트의 유행이 지나치면 여성은 미니스커트를 입을 수 있는 사람과 입을 수 없는 사람으로 나뉜다"[*]라고 말한다. 무엇이든 구분되는 현상이 나타나면 시장에서는 개성의 이질성이 아닌 생존의 동질성이 중요한 모멘텀으로 작동한다. 그리고 대중은 미니스커트를 입고 싶어서가 아니라 불안으로 소비한다. 미니스커트를 입고 싶어서가 아니라 미니스커트를 입을 수 있는 사람이 되기 위해서 구매하는 것이다. 자율적 선택이 아닌 생존을 위해 유행을 소비하게 되는 것이다.

미니스커트의 열풍이 일어난 지 50년 후 2010년대 들어 중고등학교 교실에서는 또 하나의 패션 유행이 학생들을 구분한다. 한겨울의 교실은 노스페이스 패딩 재킷을 입은 아이들과 입지 않은 아이들로 나뉜다. 부모 세대는 이해하기 어렵지만 학생들에게 노스페이스를 입는 것은 학교 생활을 제대로 할 수 있느냐 없느냐가 달린 생존의 문제이다.

시장에서 고객은 자신이 속한 무리를 중심으로 생각한다. 인간은 "당신은 누구입니까?"라는 질문에 자신이 누구인지 알려주는 것이 아니라 자신이 속한 집단을 알려주는 사고방식에 익숙하다. 직업, 직책, 성별, 나이, 가족, 출신 학교, 주소지(또는 고향)는 나에 대한 이야기가 아니라 내가 속한 집단을 이야기해준다.

---

[*] 최진석, 〈현대 철학자 노자〉, EBS 인문학 특강 중에서.

인간은 "당신은 어떤 사람입니까?"라는 질문에 나는 어떻게 사랑을 하고 어떤 삶을 원하며 어떤 것을 싫어하는지에 대해서는 이야기하지 않는다. 이런 이야기는 비밀스럽게 감추어두는 것이 좋다고 생각한다. 자신에 관한 이야기는 감추고 자신이 속한 무리에 대한 이야기는 들추어내는 것이 오늘날 인간이 커뮤니케이션하는 방식이다. 고객의 사고 또한 독립적으로 존재하기보다 무리에서 떨어지지 않으려 한다.

고객이 무리에서 떨어지는 것은 아프리카 누가 무리에서 떨어지는 순간 악어의 먹이가 되는 것만큼이나 위험하다. 유행(이하 트렌드)은 일시적으로 사람들이 취하는 특별한 형식이다. 트렌드를 새로운 것이라는 관점에서 보는 사람들은 트렌드를 타인과는 다른 독특한 개성을 나타내는 것으로 해석하는데 나는 이런 해석에 반대한다. 트렌드는 고객이 개성을 드러내기 위해 대중적 무리와 다른 이질적 선택을 하는 것이라기보다 무리와 같아지려는 동질성을 향한 선택으로 보는 것이 훨씬 현실적이기 때문이다.

하지만 트렌드를 연구하거나 트렌드를 비즈니스에 접목시키려는 전문가들은 새롭다는 것 자체를 중요하게 여긴다. 새롭다는 것 혹은 개성적인 관점에서 트렌드를 보는 것은 트렌드를 만들어내는 소수의 트렌드 세터들에 대해서는 잘 설명해내지만 트렌드를 소비하려는 대다수의 대중적 욕구는 설명해내지 못한다. 실제로 기업은 무리에서 떨어지지 않으려고 하는 생존을 향한 고객의 급박함을 읽어낼 때 트렌드를 잘 활용할 수 있다.

2000년대 중반 국내 중견 기업 중 한 곳에서 중장기 성장을 위해 몇 가지 신규사업을 검토하는 미팅을 연 적이 있다. 아웃도어 의류 브랜드 론칭 여부가 가장 중요한 이슈 중 하나였는데 이를 검토하고 의사결정을 하는 자리였다. 당시는 주 5일제가 정착되고 등산과 레저 문화가 활성화된 시기였다. 노스페이스, 코오롱스포츠, 블랙야크 등 쟁쟁한 아웃도어 브랜드들이 당시 꿈의 매출인 1천억 원을 넘기거나 목전에 두고 있었다. 성장세는 그 후로도 무섭게 지속되어 2013년 아웃도어 상위 브랜드들의 매출은 각각 7천억 원을 넘어서거나 근접했다.

결과론적이지만 당시 성장전략회의에서는 이런 현상을 전혀 예측하지 못하였다. 당시 아웃도어 패션 전문가들은 아웃도어 시장이 3년 정도는 점진적으로 성장하겠지만 과거처럼 폭발적인 성장은 없을 것이라고 보았다. 예를 들어 아웃도어를 입는 등산 레저 고객 그리고 야외에서 전문적인 일을 하는 사진작가, 야외 촬영이 많은 방송 관계자 등 아웃도어 주요 타깃 층에서 이미 포화를 이루었다는 가정 때문이었다. 이들의 전체 시장은 계속 늘어나겠지만 급격히 늘지 않는다는 예측으로 아웃도어 브랜드의 성장성도 크지 않을 것으로 생각했다. 그러나 그 후에도 아웃도어 시장은 전문가들의 예측과는 달리 계속 성장하였다.

2000년대 중반 전문가들이 아웃도어 패션을 아웃도어가 가진 기능성 측면에서 고객이 소비할 것이라는 예측과는 달리 2013년 한국에서 아웃도어 패션은 기능성이 아닌 다른 이유로 소비되고 있다. 통신 대기업에서 근무하는 남궁 부장은 강남에 위치한 대형 교회에 다닌다. 그는 최고의 방수, 투습 그리고 방풍 기능성을 자랑하는 고어텍스Gore-tex 원단으로 만들어진 노스페이스 재킷을 입고 교회 야유회에 나왔지만 고어텍스가 무엇인지 잘 모른다. 그런 최고급의 기능성 옷은 히말라야 등반 때 탁월한 효과를 발휘할 정도로 전문적인 옷이지만 남궁 부장은 히말라야는 물론 한라산이나 지리산을 등반하기 위해 구매한 것이 아니다. 고어텍스 원단으로 만들어진 노스페이스가 한국에서는 야외 활동의 유니폼과 같기 때문에 남궁 부장의 부인이 남편을 위해 구매하였을 뿐이다.

중고등학교 교실에서 노스페이스를 입으려고 하는 욕구는 더 치열하다. 강원도의 한 도시에 위치한 노스페이스 매장에서 얼핏 보기에도 행색이 초라한 어머니가 중학교 3학년 정도 되어 보이는 아들을 위해 할부로 신용카드를 긁고 있었다. 아마 이날이 오기까지 아들과 어머니는 몇 달 동안 실랑이를 벌였을 것이다. 부모가 노스페이스를 사주지 않으면 아이들은 한겨울에도 얇은 봄 재킷을 입고 가는 등 과격한 시위를 벌이기도 한다. 그리고 결국 부모의 지갑은 열린다.

아들과 같이 온 어머니의 형편이 여유롭지는 않았던 것 같았어요. 어머니는 재킷이 아이에게 어울리는지에 대해서는 그다지 관심을 보이지 않았죠. 어머니는 무이자 할부 조건에 대해 물어볼 뿐이었습니다. 그리고 조심스레 신용카드를 내밀었습니다. _노스페이스 강원 ○○매장 판매원

중고등학교 아이들이 노스페이스를 입고자 하는 욕망은 아프리카 누가 생존을 위해 무리를 따라 강을 건너는 것처럼 절박하다. 노스페이스를 입지 못하면 무리에 낄 수 없고 낄 수 없으면 죽을 것 같은 느낌마저 든다. 아이들이 노스페이스를 입으려고 하는 이유는 남들과 달라지기 위해

서가 아니라 남들과 같아지려는 욕구 때문이다.

초창기에 노스페이스를 구매한 사람들은 아웃도어의 기능성이 필요했거나 그런 기능을 중요시했다. 그러나 현실에서는 트렌드를 따라가는 사람들이 트렌드를 만든 사람들의 구매 이유와는 관계없이 구매를 하여 기업은 혼란에 빠진다. 즉, 트렌드를 따라가는 사람들은 그런 기능이 필요하지 않거나 중요하게 여기지 않아도 구매한다. 남궁 부장의 부인이나 떼쓰는 중학생을 둔 강원도의 어머니는 고어텍스라는 원단의 기능성을 잘모르며 관심도 없지만 구매한다. 무리의 생각을 따라서 구매하기 때문이다. 기업이 무리의 선택을 하는 고객의 사고방식을 이해하지 못하면 트렌드를 과소평가하게 된다.

이러한 현상이 일어나는 것은 인간이 자신의 생각보다 무리의 생각을 더 신뢰하기 때문이다. 오늘날 추천은 가장 좋은 영업 수단이다. 페이스북에서, 영화 시장에서, 책 시장에서, 온라인 포털의 카페와 블로그에서 추천을 많이 받는 것은 매출을 보장받는 일이다. 각각의 고객에게 1:1로 무엇을 좋아하냐고 물으면 그들은 자신의 생각을 말한다. 그러나 실제 현장에서 야생의 고객은 이미 백 명의 고객이 선택한 것을 좋아한다고 말한다. 한 명의 고객은 야생의 소리를 내지만, 백 명의 고객은 화음을 내려고한다. 기업이 트렌드를 활용하려면 고객 한 명의 소리가 아니라 고객이모여 그들이 내는 화음이 무엇인지 들어야 하는 것이다.

미국의 심리학자 스탠리 밀그램Stanley Milgram은 인간이 무리에 있을때 자신의 선택이 아니라 오히려 타인의 선택을 하는 것을 실험으로 입증하였다. EBS에서 방영한 다큐멘터리 〈인간의 두 얼굴〉에서는 다음과

#19

한 명의 고객은
야생의 소리를,
백 명의 고객은
화음을 낸다.

_야생의 고객

같은 실험을 하였다. 5명의 실험 대상자들에게 강의실에서 문제를 풀어달라고 요청했다. 몇 분 후 강의실에 이상한 조짐이 일어난다. 강의실 안으로 연기가 들어왔다. 누가 보더라도 화재가 난 것처럼 보였다. 그런데 대부분의 실험 대상자들은 그대로 앉아 있었다. 사실 5명 중 4명은 가짜 실험 대상자였다. 4명은 사전 모의하에 화재 상황을 가짜로 연출할 테니 동요하지 말고 있어달라고 요청받았다. 나머지 1명은 이상했지만 다른 사람들이 아무 일 없는 것처럼 앉아 있자 그냥 있기로 결정했던 것이다.

인간은 위험한 순간에도 다른 사람들이 위험을 느끼지 못한 듯 있으면 위험한 것이 아니라고 믿는 경향이 있다. 무리에서 개인은 생각을 유보하고 개성이 아니라 동질성을 추구한다. 트렌드를 무언가 달라지려는 새로운 선택의 결과로 이해할 때 기업은 트렌드의 본질을 놓치게 된다. 새로운 선택은 트렌드를 창조하는 사람들만이 할 수 있는 것이다. 그들은 죽음의 마라 강에 처음 뛰어드는 누와 같이 타인의 생각과는 관계없이 뛰어드는 개성 강한 사람들이다.

마케팅에서는 트렌드에 적극적인 이들을 초기 수용자early adopter라고 부른다. 트렌드의 시작은 개성 강한 사람들의 선택으로 출발하지만, 트렌드는 무리의 선택을 중요시하는 대중이 선택할 때 비로소 완성된다. 무리에서 떨어지지 않게 생존하려는 동질성의 모멘텀이 강할 때 트렌드는 성공할 수 있다.

동질성의 관점으로 해석한 생존의 트렌드를 활용하기 위해서는 두 가지 포인트에 주목해야 한다.

첫째, 트렌드를 만들어낸 고객이 아니라 그 뒤에 대기하는 고객을 중심으로 트렌드를 바라보라.

트렌드는 트렌드를 따라가는 사람들로 인해 만들어진다는 것을 명심하여야 한다. 트렌드를 창조한 사람들을 보고 트렌드를 분석하는 것은 프랑스 코스 요리의 전채 요리만 맛보고 요리를 판단하는 것과 같다. 트렌드를 규정짓는 것은 전채 요리가 아니라 트렌드를 따라가는 사람, 즉 뒤따라 나오는 메인 요리이다. 메인 요리를 규정짓는 고객의 특징을 잘 알아내는 것이 중요하다.

둘째, 트렌드를 일으킨 핵심 기능과 무관하게 구매가 계속 일어나는 순간을 잡아라.

초기 수용자들은 트렌드를 일으킨 핵심 기능의 중요성을 잘 이해하고 활용한다. 그러나 생존을 위해서 소비하는 트렌드 수용자들은 핵심 기능을 제대로 이해하지 못하거나 오히려 무심하다. 트렌드를 만들어낸 핵심 기능과 무관하게 고객이 구매하는 현상이 일어날 때 트렌드는 더 지속될 수 있다는 신호로 받아들여진다. 이제 트렌드를 이끌어가는 트렌드 세터가 아니라 그 뒤에서 대기하는 고객을 관찰하라.

나만의 스토리이기만 하면
나쁜 스토리는 없다

"히말라야 허브 참 좋은데 마케팅할 좋은 방법 없을까요?"
네팔의 히말라야에서 허브를 생산하는 작은 비영리 기업을 돕기 위해 컨설팅을 하고 있는 후배가 꺼낸 질문이다. 요지는 히말라야 고산지대에서 참 좋은 허브가 생산되는데 제품의 특수성 때문에 전략을 짜기 어렵다는 것이었다. 어려운 원인 중 한 가지는 건강식품의 한계 때문이었다.

건강식품은 효과가 뛰어나도 법적으로나 윤리적으로도 약으로 광고하거나 홍보할 수 없다. 대개의 경우 그 효능을 과학적으로 증명할 방법이 마땅하지 않다. 히말라야 허브도 오랜 기간 히말라야 지역에서 재배한 역사가 있어 품질이 좋고 약과 같은 효과가 있지만 이것을 과학적으로 의미 있게 검증하여 약으로 홍보하기는 어려웠다.

히말라야 허브를 컨설팅하는 후배와 비슷한 어려움에 처한 사업가를 소개하겠다. 그는 충청도에 약효가 뛰어난 생수의 수원지를 보유하고 있는데 이를 활용한 신규 사업을 검토해달라고 했다. 그는 원래 식품 사업으로 크게 성공하였는데 과거에 투자했던 부동산 중 한 곳에서 우연히 좋은 물이 나왔다. 이 샘물은 약효가 뛰어나 조금 과장해서 웬만한 병은 모두 나을 수 있다며 자부심이 대단하였다. 처음에는 반신반의했지만 물에 얽힌 스토리와 사례를 들으니 일리 있어 보였다.

약효에 대한 의문은 사라졌지만 다른 의문이 생겼다. 그렇게 좋은 생수면 우리의 도움을 받지 않고도 사업을 할 수 있을 것 같은데 왜 불렀는지 궁금했다. 그랬더니 그는 자신의 고민을 털어놓았다.

"이 물은 약인데 약처럼 광고할 수 없어요."

후배와 식품 사업가는 본질적으로 동일한 문제에 부딪혔다. 두 사람은 다음과 같은 동일한 가설을 갖고 있는 것이다.

'식품의 효능을 과학적으로 증명하여 약으로 인증받으면 성공할 수

있다.'

이런 문제에는 다른 접근 방법도 가능하다. 같은 문제였지만 다르게 문제를 해결한 천호식품의 김영식 회장을 만나보겠다.

"산수유 남자한테 참 좋은데……. 남자한테 정말 좋은데……. 어떻게 표현할 길이 없네. 직접 말하기도 그렇고!"

건강식품을 판매하는 천호식품의 김영식 회장이 직접 나와 광고를 하는 산수유 광고에서는 어떤 과학적 근거도 이야기하지 않는다. 그런데 묘한 호기심과 신뢰를 불러일으킨다. 세상에 나만의 스토리이기만 하면 나쁜 스토리는 없다. 나를 이야기하는 것이 가장 좋은 스토리 마케팅 기술이고 가장 나쁜 스토리 마케팅은 내가 아닌 것을 이야기하는 것이다.

야생의 고객이 듣고 싶어 하는 이야기는 억지로 만들어낸 것이 아니다. 초등학교 아이들 일기에는 재미있는 게 많다. 아홉 살 아이가 하루에 겪은 자질구레한 이야기도 좋지만 방학 동안 매일 7시에 일어나서 공부하겠다는 뻔한 거짓말도 진실처럼 보인다. 아이의 일기에는 그 아이만의 이야기가 있어 즐겁다. 스토리 마케팅도 자신만의 스토리를 아이들처럼 이야기하는 것과 같다. 그런데 스토리 마케팅을 멋진 소재나 플롯을 차용하거나 과학적인 보고서처럼 사실을 규명하는 것으로 오해하기도 한다. 자신만의 스토리 마케팅은 어떻게 해야 하는 것일까? 가장 좋은 스토리 마케팅은 기업 자신에 대한 이야기임을 기억하라.

공장을 임대할 변변한 자금도 없어 부엌에서 운동화를 만들었다면 당신은 그 운동화를 구입하겠는가? 초라해 보이지만 어떻게 말하느냐에 따라 이것은 재미있는 스토리가 된다. 글로벌 스포츠 용품 회사 나이키는 평범한 미국 가정의 부엌에서 출발했다. 운동화 밑창은 와플 기계로 만들었다. 초창기 아디다스는 나이키를 와플 슈즈라고 조롱하였지만 지금은 부엌에서 만들었다는 나이키의 와플 슈즈 이야기는 신화가 되었다.

실리콘 밸리의 원조 벤처 기업 격인 HP는 연구소가 아니라 주차장에서 사업을 시작했다. 애플도 마찬가지이다. 초라하더라도 자신만의 이야기를 하면 그것이 바로 야생의 고객이 듣고 싶은 스토리이다. 스토리 마케팅을 잘하는 기업의 특징은 자신의 강점을 외부에서 주어진 기준에 맞게 증명하지 않고 자신만의 고유한 기준에 맞추어 설명할 뿐이다.

청바지 브랜드 게스guess는 초창기에 24인치 이상의 제품은 판매하지 않았다. 몸매 좋은 여성들만 입으라는 것으로 대중이 듣기에는 매우 불쾌한 메시지였지만 고객은 이런 스토리를 호기심과 특별함으로 여긴다. 나이키의 와플 슈즈, HP의 창고 스토리, 24인치 게스 청바지는 절대적 가치 기준에서 보면 자랑할 만한 것이 아니다. 스토리 마케팅은 자랑할 만한 것을 이야기하는 것이 아니라 자신의 이야기를 자신이 정한 기준으로 자기답게 이야기하는 것이다.

11장에서 기억할 것

—

인간은 무리에 있을 때 자신의 선택이 아닌 타인의 선택을 한다. 이를 시장에 적용하면 고객은 홀로 있을 때 자신만의 야생의 소리를 내지만 무리에 있을 때는 타인을 의식해 화음을 내는 것과 같다. 같은 맥락에서 트렌드의 시작은 개성 강한 사람들의 선택으로 출발하지만, 트렌드의 완결은 무리의 선택을 중요시하는 대중이 선택할 때 비로소 완성된다. 이때 기업은 개성 있는 고객이 남과 달라지려는 이질성이 아니라 무리와 같아지려는 동질성이 발현할 때를 포착해야 트렌드를 잘 활용할 수 있다.

트렌드를 예측하고 활용하려면 같아지려는 동질성에 주목하고 다음 두 가지를 주목해야 한다.

- 트렌드를 만들어낸 고객이 아니라 그 뒤에 대기하고 있는 고객을 중심으로 트렌드를 바라보라.
- 트렌드를 일으킨 핵심 기능과 무관하게 구매가 지속적으로 일어나는 순간

을 잡아라.

좋은 스토리 마케팅은 자신만의 이야기를 분석 보고서처럼 증명하지 않고 자신만의 이야기를 편하게 하는 것이다. 야생의 고객이 듣고 싶어 하는 소리는 좋은 소리가 아니다. 그들은 브랜드 고유의 소리를 들으려고 한다.

　유령을 만난 적이 있는가? 나는 책을 읽는 것이 여행과 같다고 말하였는데 이제 내가 만난 유령에 관한 이야기를 통해 이 여행을 마무리하겠다. 밤하늘에는 수많은 별들이 있으며, 별은 인간에게 늘 신비의 대상이다. 별을 신비롭게 생각한다는 것은 그만큼 별에 대해 아는 것이 없다는 반증이다.

　알 수 없는 신비로운 별에 매료된 사람들은 별에 관한 이야기를 만들었다. 평생 한 번만 볼 수 있는 별의 축제인 핼리혜성이라도 찾아오면 사람들은 흥분하며 즐거워하였지만 어떤 이들은 재앙의 징조로 보고 두려움에 떨었다. 동서고금을 막론하고 사람들은 별에 대해 많은 흥미를 갖고 다양한 해석을 시도하였다. 그렇지만 얼마 전까지만 해도 별에 한 발자국도 디딜 수 없었던 인간이 별에 대해 아는 것은 사실이 아닌 오해가 대부분이었다.

　베일에 싸인 별에 대해 인간은 많은 오해를 했으나 그중 가장 큰 오해는 별의 존재 자체에 관한 것이다. 별을 본다는 것은 곧 별의 빛이 우리의 시각을 자극하는 물리적 현상 때문에 일어나는 일이다. 우리가 1만 광년 떨어진 별을 보는 것은 지금으로부터 1만 년 전에 출발한 빛을 보는 것이다. 만약 그 별이 3,000년 전에 사라졌더라도 우리는 앞으로 7,000년 동안은 이미 죽은 별을 보며 별이 살아 있다고 생각한다. 우리는 밤하늘의 살아 있는 별을 보는 것이 아니라 이미 죽은 '밤의 유령'을 보는 것이다.

유령을 밤에만 볼 수 있는 것은 아니다. 나는 거의 매일 '낮의 유령'도 본다. 내가 하는 일의 대부분은 고객과의 만남을 통해 이루어진다. 한때 고객을 실제로 만났다고 생각했지만 그것이 현실이 아니었음을 이해하는 데까지 수년의 세월이 필요하였다. 고객은 왼쪽으로 가면 수요가 있고 오른쪽으로 가면 수요가 없다고 말해주었지만 정작 현실에서는 반대인 경우가 빈번하였다. 그나마 잘못된 길로 인도하는 경우는 다행이다. 어떤 경우에는 시장에 비슷한 수요조차 없다. 기업도 고객을 만나지만 사실상 그중 많은 고객은 살아 있는 고객이 아닌 유령이다.

이런 문제는 어떻게 해결해야 할까? 1781년 천왕성의 존재를 처음 발견한 영국의 천문학자 윌리엄 허셜William Herschel은 눈에 보이는 별이 존재하는 것이 아니라 이미 사라진 유령이란 실체를 발견하였다. 허셜이 밤하늘의 유령을 규명할 수 있었던 것은 망원경이라는 관측도구와 함께 천체에 대한 '과학 원리'를 알았기 때문이다. 허셜은 빛이 속도, 지구와 별의 거리에 대한 지식뿐만 아니라 별과 행성의 운동원리를 알았기 때문에 과학적으로 증명할 수 있었던 것이다. 천문학자들이 '과학의 원리'를 이해하였을 때 별의 실체를 밝혀냈듯이 기업도 '고객 사고 원리'를 알면

낮의 유령인 고객을 분별할 수 있다.

이제 마지막 에피소드를 통해 이야기를 마치겠다. 시장에서 기업은 고객이 지불하려고 하는 절대 가격을 알고 싶어 한다. 기업은 무조건 저렴하게 가격을 책정하여 매출을 늘리기보다 고객이 지불하려고 하는 최대 가격을 책정하여 수익 극대화를 원한다. 그러나 기업은 '숫자로 표시된 가격'보다 '가격에 대한 사고방식'을 더 중요하게 인식해야 목표를 정확히 이룰 수 있다. 예를 들어 어덜트 캐주얼 의류 시장에서 고객이 원하는 가격은 '단순히 저렴한 가격'이 아니다. 어덜트 캐주얼 의류 시장의 고객은 가격에 대해 이중적 태도를 취하기 때문이다.

영업부서에서 처음 직장생활을 시작했을 때 알게 된 거래처의 홍수일(가명) 대표는 방배역 역세권 상권에서 40대 이상의 여성 고객을 타깃으로 하는 여성 어덜트 캐주얼 프랜차이즈인 C 브랜드를 운영하고 있다. 임대료가 비교적 저렴한 곳에서 홍 대표도 꽤 성공적으로 사업을 운영하고 있지만 C 브랜드는 수도권에서보다 지방에서 더 인기가 많다.

다만 C 브랜드의 가격정책이 이해되지 않았다. 이 브랜드는 매장에 출고되자마자 30퍼센트 할인을 한다. 실상 처음부터 세일을 하는 셈이다. 이런 가격정책이 고객에게 불신을 주어 장기적으로는 좋지 않다고 생각하고 홍수일 대표에게 물었다.

"사장님, 가격정책이 잘못된 것 아닌가요?"

"똑똑한 사람이 그것도 몰라? 여긴 백화점 고객과 달라. 싸게 사기를 원하지만 싸구려려는 느낌은 절대 갖기 싫어해."

C 브랜드는 40~60대 고객이 선물용이나 작은 소모임에 본인이 직접

입는 옷으로 많이 판매된다. C 브랜드의 고객은 패션에 많은 돈을 지불하는 고객은 아니다. 그렇다고 지인에게 선물하기 위해 구입하거나 자신이 모임에 나갈 때 입을 옷이니 싸구려를 원하는 것도 아니다. 적당한 가격을 지불할 용의도 있고 특히 남들에게 좋은 옷을 입은 것처럼 보이고 싶어 한다. 그래서 C 브랜드는 독특한 디자인보다 무난한 디자인에 품격 있는 스타일의 옷을 만든다.

이런 패션 시장에서 고객이 브랜드를 평가하는 가치는 패션이 아니다. 옷을 패션으로 평가하지 않으니 평가할 수 있는 중요한 기준은 가격이다. 여기서 가격이 작동하는 방식은 다음과 같다. 만약 30만 원짜리 코트를 할인 받아 20만 원에 구매하여 선물하면 선물을 받은 사람도 선물을 주는 사람도 할인된 가격에 샀다는 것을 알고 있지만 서로 모른 체한다. 그것이 선물을 주고받는 고객의 만족감을 훨씬 높여주기 때문이다. 실제로 며느리에게 코트를 선물로 받은 시어머니는 20만 원짜리 코트가 아니라 30만 원짜리 코트를 선물 받았다고 친구들에게 자랑하고, 며느리는 20만 원짜리가 아니라 30만 원짜리 옷을 선물하여 마음이 뿌듯하다.

어덜트 캐주얼 의류 시장에서는 비싼 옷을 저렴하게 구매했다는 느낌을 높이는 것이 중요한 가격 전략이다. 저렴한 가격을 투명하게 이야기하는 것은 고객이 원하는 바가 아니다. 만약 유니클로처럼 투명하게 저렴한 가격을 홍보하면 어덜트 캐주얼 의류 시장의 고객은 실망할 것이다. 따라서 이 시장에서 가격에 대한 고객의 니즈를 알기 위해서는 고객이 원하는 절대가격보다 '가격에 대한 이중적 사고방식'을 이해하는 것이 더 중요하다.

#20

고객은
'선량한 사기꾼'이다.

_ 야생의 고객

맺 는

글

이렇게 고객과 기업이 모의하거나 서로 모른 체하는 사고방식은 꽤 일반적 현상인데 대표적인 예가 영화를 대하는 고객의 태도다. 영화관에 들어선 관객은 영화가 허구임을 알지만 영화가 시작되는 순간 허구라는 사실을 모른 체한다. 모른 체하는 것이 영화 관람의 만족감을 극대화시킬 수 있기 때문이다.

카를 마르크스Karl Marx는 "의식은 자신을 속인다"라고 말하였다. 이는 인간이 자기 자신을 아는 것은 제한적이며 어려울 수밖에 없다는 뜻으로 해석된다. 마르크스가 인간을 이해하는 데 어려움을 느낀 것처럼 나도 고객을 이해하는 것에 어려움을 느낀다. 고객은 알지만 모른 체하기도 하고 서로 모의하기도 하면서 그들이 그런 행동을 하는지조차 인식하지 못한다. 그래서 나는 '선량한 사기꾼'인 고객을 대할 때마다 고객이 유령이라고 느낄 정도로 이질감을 느낀다.

인간을 이해하기 쉽지 않다고 마르크스가 경고한 것처럼, 나 또한 고객을 쉽게 이해할 수 없다고 경고하고 싶다. 야생의 고객은 기업이 의식적으로 이해하는 고객의 수준을 넘어서 고객 자신도 의식하지 못했던 새로운 수준으로까지 변모하였다. 따라서 야생의 고객에 대한 이해는 한 권의 책과 한 번의 고객 조사 경험으로 이루어질 수 없다. 늘 고객에게 다양한 방법으로 질문하고 당신만의 적절한 질문법을 개발하기 바란다.

적절한 질문은 인간의 사고를 확장시킨다. 날카로운 질문을 통해 고객은 고객 자신도 몰랐던 자신의 니즈를 끄집어내 질문한 사람에게 그 비밀을 알려주곤 한다. 고객의 답변을 들으면 고객은 왜 그런 대답과 행동을 했는지 사고하고 토론해보아야 한다. 고객은 자주 자신의 속내를 감추거나 비유나 상징을 통해 말하기도 한다. 고객의 감추인 속내와 비밀을 해석하는 방법은 다양하지만, 깊은 사고와 함께 동료들과의 깊이 있는 토론을 하는 게 가장 효과적이다. 적절한 질문과 깊은 사고 그리고 동료들과의 토론을 통해 고객을 이해한다면 야생의 고객은 머지않아 당신을 찾아올 것이다.

맺는

글